두 나라
세 문화

중국인, 조선족, 한국 엄마

두 나라 세 문화

박진하 지음

기파랑

아버지 영전에 바칩니다.

일러두기

1. 이 책에 나오는 중국 인명·지명 상당수는 중국 내 조선족의 언어 현실을 반영하여 한글 독음으로 표기하고, 일부 두음법칙을 적용하지 않았습니다. 처음 나올 때 한어병음 한글 표기(필요할 경우 한자까지)를 괄호에 소개하고, 책 맨 뒤에 부록으로 '단어장'을 두었습니다.
   보기) 베이징→북경(베이징), 룽징→룡정(龍井, 룽징)
2. 그러나 중국의 몇몇 일상 어휘는 한어병음 한글 표기를 따랐습니다.
   보기) 다궈판(大鍋飯)
3. 한자는 한국 독자가 읽기 편하도록 중국 공식 간체자(简体字) 대신 번체자(繁體字, 본자)로 적었습니다.

· 책머리에 ·

내 고향 룡정

'일송정 푸른 솔은 늙어 늙어 갔어도

한 줄기 해란강은 천년 두고 흐른다….'

한국에서는 국민 가곡이라는 〈선구자〉(윤해영 작사, 조두남 작곡)를, 이 책을 준비하면서 처음 들었다. 나도 모르게 눈물이 왈칵 쏟아졌다.

나의 고향은 룡정(龍井, 룽징), 〈선구자〉의 무대이고 시인 윤동주가 청소년기를 보낸 곳이다. 일송정은 학교 다닐 때 봄 야영(소풍) 가는 길에 두어 번 올라가 보았고, 해란강은 어린 시절 유일한 워터파크 삼아 놀던 곳이다. 점심시간에 시장 음식 맛보러 가면서 룡두레(용두레) 우물가를 지나다녔고, 중학교는 매일같이 룡문교(용문교)를 건너 다녔다. 너무 익숙해서 소중한 줄 몰랐던 이름들을 뜻밖에 한국의 유명한 노래로 듣자니 지금도 마음이 설렌다.

룡정은 중화인민공화국(중국) 길림(지린)성 연변(옌볜) 조선족자치주의 주도(州都)인 연길(옌지)에서 약 20킬로미터 떨어진 도시다. 우리 집은 할아버지와 외할아버지 때 한반도에서 건너왔고, 나는 중국 내 조선족이라는 소수 민족 신분으로 룡정에서 태어났다. 중국 내 조선족 사회에 살며 어려서부터 두 언어, 두 문화를 자연스럽게 몸에 익혔고, 고등학교 졸업하고는 상해(상하이)·항주(항저우) 등 중국 내 다른 지역에서 일하고 늦깎이로 대학을 다니며 외국 생활 같은 새로운 경험을 하게 되었다. 먼저 한국에 와 정착하신 어머니를 따라 서른

살에 뒤늦게 건너와, 같은 직장에서 지금의 남편을 만나 결혼하고, 충남 당진시에 보금자리를 꾸미고 돌바기 딸아이까지 두고 다문화 가정으로 살고 있다.

우리 부부는 한국인과 조선족으로 한 뿌리를 갖고 있지만, 현실에서는 서로를 온전히 이해하는 데 한계가 있다는 것을 늘 느낀다. 중국어와 조선말이 섞인 '연변말'로 조선족 친구들과 대화하면 옆에 있는 남편은 "알아들을 것도 같으면서 뭔 말인지 모르겠다" 할 때가 많다. 나도 영어와 외래어가 많은 한국말을 들으면 이해할 것도 같으면서 확실치 않을 때가 많아서 검색부터 해 본다.

언어가 비슷한데도 이 정도이니, 30년 넘게 각자 몸에 밴 문화 차이는 말할 것도 없다. 우리 같은 다문화 가정이라면 어느 집이나 마찬가지 고충이 있을 것이고, 아예 말도 다른 다문화 가정이라면 더 심할 것이다. 문화란 단기·속성으로 이해하고 적응할 수 있는 것이 아니려니 하고 큰 욕심 버리고 살려고 한다.

다만 한 가지 개운치 않은 건, 딸아이가 앞으로 자라가며 자기 의지와 상관없이 '다문화'라는 꼬리표를 달고 살게 된다는 생각에서다. 여전히 중국 국적을 가진 조선족 엄마의 좌충우돌 한국살이 적응기를 딸을 위해, 그리고 나를 위해 남겨 놓고 싶은 생각에 틈틈이 글을 써 모으게 되었다.

어느 정도 글이 모아지고도 오랜 망설임 끝에 용기를 내어 몇몇 출판사에 이메일로 투고해 보았더니, 뜻밖에 도서출판 기파랑에서 회신이 왔다. 보잘것없는 글을 출간해 주신 도서출판 기파랑의 안병훈 대표님과 박정자 주간님께 감사의 말씀을 드린다. 계약을 하고 나서도 원고를 한국말답게 다듬느라 끙끙대고 있을 때, 역발상으로 "그냥 연변말 그대로 편하게 쓰라"며 격려해 주고 단어장 아이디어까지 내 준 김세중 편집위원께 특별히 감사드린다. 가곡 〈선구자〉도 김 위원이 귀띔해 주어 처음 알았고, 처음 듣던 날의 감회가 그대로 이 서문으로 연결되었다.

하고 싶은 건 도전해 보라며 늘 응원해 주는 든든한 남편, 힘들 때마다 육아를 발벗고 도와주시는 엄마와 시어머님께도 감사의 말씀을 드린다.

그리고 아빠, 부족한 딸이지만 항상 아빠 사랑했어요. 뒤늦게 깨달아서 미안해요. 부디 그곳에서는 좋은 일만 있기를 바라요.

오늘도 어디선가는 아름다운 한국말로 나의 고향 룡정의 노래가 울려 퍼지고 있을 것에 감사하며,

2020년 11월

박진하

차례

제2부 한국과 중국 사이

제3부 나를 찾아 떠나온 여행

제 1 부

조선족 마누라

한국으로

"네 아빠가 연락이 안 된 지 한 달이 넘었다. 너한테는 연락이 갔어?"

수화기 너머로 엄마가 힘 빠진 목소리로 걱정스레 물었다.

"원래 아빠는 무소식이 희소식인 분이잖아. 좀 지나면 연락이 되겠지."

대수롭지 않게 대답하고 엄마 전화를 끊었다. 그러면서도 혹시나 하는 마음에 아빠한테 전화를 걸어 보았는데 연락이 안 된다. 며칠을 지나 다시 연락해 보아도 마찬가지다.

우리 집은 한 달 정도 가족 간에 연락이 없어도 심드렁하게 받아들인다. 하지만 전화를 안 받고 연락이 안 닿은 적은 없었다. 슬슬 걱정이 되어서 며칠 후 엄마한테 다시 연락했다.

"둘이서 또 싸웠어?"

부모님이 싸우시는 걸 질리도록 봐 온 나는 또 두 분이서 감정싸움이라도 벌였을 거라고 넘겨짚었다. 예상대로였다.

"크게 싸우지도 않았어. … 그나저나 네 아빠, 우리 지금까지 번 돈 다 가지고 집 산다고 중국으로 들어갔는데, 불안하다."

엄마 목소리의 떨림이 상해에 있는 나한테까지 전해져 왔다.

"좀 더 기다리면 연락이 되겠지, 너무 걱정하지 마."

말은 이렇게 했지만 나도 슬슬 걱정이 되기 시작했다.

아빠랑 마지막으로 통화한 대화가 떠올랐다.

"아빠, 집을 사면 엄마 아빠 공동 재산으로 등기해야지, 왜 아빠 이름만 올려? 엄마가 나한테까지 전화해서 뭐라 하잖아?"

두 분이서 싸우면 늘 중간에서 중재해야 되는 입장이 되어 버리는 나도 짜증이 났다.

"누구 재산이든 나중에 다 네 것이 되는데 그게 뭐 중요해? 그리고 서류 작성하는 현장에 엄마가 없어서 어쩔 수 없었어."

"지금 엄마 아빠가 평온하게 잘살면 되지, 나중이 뭐가 중요해? 나는 내가 알아서 먹고살 테니깐 걱정하지 마세요! 내가 엄마 아빠 재산만 노리고 노력 안 하고 살기를 바라시나요? 아빠는 왜 그렇게 나를 못 믿어?"

평생을 다투고 지내 온 두 분이 노후 준비한다며 사는 집 마련하는 일 갖고도 문제가 생기니 원망스러웠다. 한평생 싸우고 살면서 왜 그렇게들 서로 양보를 안 하는지, 도무지 이해가 안 됐다. 급기야 아빠 마음에 못

박는, 하지 말아야 될 말을 해 버렸다.

"아빠 엄마 한평생 돈 때문에 싸우셨는데, 자꾸 나까지 끼워 넣지 마세요! 나는 엄마 아빠 재산 포기할 각오도 되어 있으니, 싸울 때 제발 내 핑계 대지 마세요!"

"너, 나한테 화 많이 났구나?"

아빠의 목소리가 조금 다운되더니 더 이상 다른 말씀은 안 하셨다.

이게 아빠와의 마지막 통화가 되어 버릴 줄, 그때는 몰랐다.

어릴 때 룽정 고향 마을에서 어른들이 한국과 관련된 이야기를 하는 걸 들은 적이 많다. 한창 한국으로 돈벌이 가는 바람이 불 때, 한국 하면 많이들 두 가지로 이야기하셨다.

"○○네는 한국 남자랑 가짜 결혼을 해서 돈 많이 벌어 와 집도 사고 차도 사고 부자 됐대."

"△△ 아는 사람은 한국 사람한테 사기를 당했어."

그래서 어린 나이에 한국은 나한테 도박장처럼 느껴졌다. 한국을 가면 돈을 많이 벌어 오거나, 사람 잘못 만나 사기당해서 망하거나.

1990년대 초부터 마을 사람들은 빚을 내서 한국에 가서 몇 년만 고생하면 고향에 돌아와 집도 사고 차도 산다는 꿈에 부풀어 있었다. 합법적으로 어려우면 불법으로라도 한국에 가서 숨어 다니면서 돈을 번다. 그러다 운 나쁘면 추방당하고, 많은 빚을 갚지 못하면 또 빚을 내서 다시 한국으로 간다. 어쩌다 돈 벌어서 다시 중국으로 돌아온 사람들은 그간의 맘고생으로 한동안 일을 안 하고 휴식을 취한다. 내막을 모르는 사람들한테는 그게 일 안 하고 노는 것처럼 보이니까 괜히 부러워, "한국에 나가 돈 벌고 돌아오면 지금보다는 편하게 살 수 있겠다"고 말씀들을 하셨다.

우리 부모님도 마찬가지다. 하나밖에 없는 딸이 고등학교를 졸업하고 대학 진학을 포기하자 노후 준비한다면서 빚을 내서 한국행을 결정하셨다.

부모님은 1950년대부터 시작해서 '80년대 초까지 지속된 중국의 '한솥밥(다궈판大鍋飯)' 시기를 굶주림으로 겨우 이겨 냈고, 1960~70년대 모 주석(모택동, 마오쩌둥) 시기 10년의 '문화대혁명'을 겪으셨다. 1978년 12월부터 등소평(덩샤오핑)이 '개혁 개방'을 외치면서부터 중국 경제는 상승세를 그렸지만, 곧이어 1982년 시작한 강력한 산아 제한 물결에 두 분은 딸인 나 하나로 만족하셔야 했다.

부모님은 노후 보장을 하나뿐인 딸에 의지하기보다 한국이라는 나라에 걸었다. 내가 고등학교 졸업 후 항주에 일자리를 얻어 떠난 뒤 부모님은 대대로 살아온 룡정 집을 처분하기로 하고 한국으로 건너왔다. 불법 취업 목적으로 입국한 한국 생활은 녹록지 않았다. 불법을 약점 잡혀 몇 달이나 급여를 받지 못하자 야반도주해 새 일자리를 찾아야 하기도 했고, 어느 정도 자리 잡아서 빚을 갚고 돈을 좀 모을 만할 때 환율이 반토막

나는 바람에 한국에 체류하는 기간을 예정보다 늘려야 했다.

다행히 그사이 한국의 정책이 바뀌어, 불법으로 들어온 사람들도 출국은 합법적으로 수 있게 되었고, 출국 1년 뒤 재입국 신청을 하면 합법적으로 다시 한국에 들어올 수 있었다. 그래서 부모님도 한국 온 지 3년 만에 불법 체류 신세를 면하게 되었다. 엄마는 지금도 "도둑이 제 발 저리다고, 불법 체류 때는 경찰차만 봐도 가슴이 철렁하더라"라며 그때 말씀을 하곤 하신다.

마음 졸이면서 고생하는 바람에 두 분 얼굴은 그 몇 년 새 몰라볼 정도로 수척해졌다. 2009년에 내가 여행 비자로 며칠 예정으로 한국에 와서 5년 만에 세 식구가 함께 밥을 먹는데, 얼굴에 주름살이 눈에 띄게 늘어난 부모님을 보니 밥이 목구멍으로 넘어가질 않았다. 뭔 부귀영화를 누리겠다고 한 가정이 뿔뿔이 흩어져서 이렇게 살아야 하는지, 답답했다. "한국은 다 좋으니 걱정하지 마라"는 엄마 말씀과 달리, 외국인 신분으로 타향 생활을 하시는 모습이 나의 상상과 너무 달라서 짠한 감정이 들었고, 크게 도움이 안 되는 외동딸이라 죄송하기도 했다.

아빠의 소식이 끊겼을 때 나는 직장을 항주에서 상해로 옮겨 뒤늦게 대학 국제무역과에 다니며 일과 공부를 동시에 하고 있었고, 곧 졸업을 앞두고 있었다. 대학을 마치면 전공을 살려 한국 제품이 인기인 중국에서 작게나마 무역상을 시작할 계획이었다. 그렇게 나는 뿔뿔이 흩어져 지내는 우리 가정이 머지않아 다시 모여서 함께 살 꿈을 품고 있었다. 그랬는데 2012년, 8년 넘게 벌어 놓은 돈을 다 가지고 집 산다며 중국으로 건너오신 아버지가 갑자기 연락이 안 된다는 것이었다. 나더러 "부모 노후 걱정은 하지 않아도 된다"고 늘상 말씀하시던 아빠였는데.

엄마는 연길로 돌아가 아빠를 찾기 시작했다. 나도 졸업을 마치고 바로 합류했다. 우리는 아빠랑 그동안 통화했던 내용을 단서로 다녀가셨을 만한 곳들을 샅샅이 뒤졌지만 헛수고였다. 경찰에 신고도 했지만, 대신 찾으러 나서 주지는 않고 "나중에 시체를 발견하면 DNA 확인을 해야 될지 모르니 기록을 남기라"고만 했다. 신문에 실종 광고도 내 보았지만 소식이 없었다. 몇 달이 지나도록 연락이 안 되고, 벌어 놓은 돈은 아빠가 다 가져가 버리고… 무작정 사람만 찾고 있을 수도 없는 엄마와 나는 어디서부터 무얼 어떻게 해야 될지 감이 잡히지 않았다. 그렇다고 엄마 혼자만 다시 한국으로 보내기도 개운치 않았다.

그 무렵 친구한테서 연락이 왔다.

"저번에 우리 하이코리아 사이트에서 공개 추첨 모집하는 데다 신분증 번호 넣은 걸 기억해?"

"응, 사이트에서 공개 추첨을 한다고 해서, 공짜로 한국 갈 기회라면서 신분증 번호 달라고 했잖아."

졸업을 앞둔 무렵에 친구가, 비자 관련 사이트에서 공개 추첨을 하는데, 신분증 번호만 넣어서 당첨되면 비행기 표만 사서 합법적으로 한국으로 갈 수 있다고 연락해 왔다. 운명인지, 거의 열 명 되는 친구들이 같이 신청했는데 그중 두 명이 당첨되었고, 내가 그중 하나였다! 살면서 추첨이라곤 한 번도 당첨되어 본 적도 없고 로또는 꼴찌도 안 걸리는 나였는데, 그때 어떻게 당첨이 되었는지 지금도 미스터리다.

어차피 이 판국에 길게 생각을 해 봐야 시간 낭비밖에 안 되니, 과감하게 한국행을 결정하고 상해 물건을 부랴부랴 정리하고 엄마랑 한국으로 넘어왔다. 중학교 때부터 십여 년 알고 지내는 몇 안 되는 친구들과 떨어지는 게 마음 아팠지만 다들 이해해 주었다.

그렇게 예정도 준비도 없이 9년간의 타지 생활을 접고 한국으로 왔다. 2013년 8월, 내 나이 만 스물아홉 살 때다.

돈보다 자유

고등학교 마치고 항주와 상해에서 직장생활 하며 대학을 나온 나는 한국에 와서도 부모님보다 더 빨리, 잘 취직할 자신이 있었다. 부모님보다 젊고 학력도 높고 경력까지 있으니 당연히 일자리가 쉽게 생길 것이라고 믿었다. 중국에 있을 때만 생각하고 한국살이를 호락호락하게 여긴 것이다.

하지만 여기서는 내가 중국에서 어떤 일을 했고 어떤 이력이 있었는지를 우선순위로 봐 주지 않았다. 대졸은 기본인 한국은 내가 '무슨 비자'로 한국에 와 있는지를 우선으로 보았다. 비자만 갖고 보면 내가 엄마보다 더 불리했다.

중국에 있을 때 외국인을 보면 어느 나라에서 왔는지, 그 나라 사람들은 어떻게 사는지 궁금했다. 하지만 한국에 와서 내가 외국인이 되어 보니, 모든 외국인이 다 같은 나라 사람으로 보이기 시작했다. 그리고 무슨 비자로 왔는지, 어디서 어떤 일을 하는지가 더 궁금했다.

한국에서도 금수저니 흙수저니를 따지지만, 우리 외국인이야말로 한국에 발을 들여놓는 순간 금수저·흙수저가 정해진다. 비자 종류에 따라 한국에 와서 할 수 있는 일의 울타리가 정해져 있다. 내가 가지고 있는 H-2(취업) 비자는 엄마가 가지고 있는 F-4(재외동포) 비자보다 취업하는 데 불리했다. H-2 비자는 짧으면 3년, 최장 4년 10개월 한국에 머무를 수 있고, 기한이 끝나면 다시 중국에 들어가서 재입국 수속을 해야만 한국에 다시 올 수 있다. 그래서 일자리 찾는 데 제약을 받는다. 〈벼룩시장〉 광고를 보고 사업장에 연락을 하면 어떤 비자인지부터 물어본다. 인터넷을 뒤져도 구인 조건 중에 H-2 비자를 받는다는 데는 거의 없다. 기본 F-4 비자나 결혼 비자를 원한다.

장기적으로 한국에 머무르려면 비자 유효 기간 내에 자격증을 취득해서 F-4로 변경을 해야만 했다. 자격증을 취득하려면 강의를 듣는 데 짧으면 한 달, 길면 반년 넘게 시간을 들여야 하는 건 물론이고 비용도 한 달치 월급 이상이 든다. 그렇게 애써 F-4 비자로 변경을 해도 찾을 수 있는 일자리 범위가 정해져 있다. 거의 무일푼으로 시작한 한국 생활에 안일하게 비자 변경만 바라보고 있기도 마음을 졸이는 일이었다.

하는 수 없이 식당 일부터 하게 되었다. 엄마가 일하시는 식당 알바부터 시작했다. 생전 처음인 식당 일을 2년이나 하게 되었다.

식당 일은 처음이라 쉽지 않았다. 중국에서는 주로 사무직으로 일했던 내가 하루 열 시간 이상(주 52시간 실시 전) 서 있어야 되고 일주일에 하루밖에 쉬지 못하니 늘 힘들고 피곤이 가시지 않았다. 몸 힘든 건 그나마 나은 편이었다. 한국 사람 상대로 서빙을 하려니 혹시라도 손님 말을 못 알아듣는 실수를 할까봐 항상 신경을 써야만 했다. 이렇게 몸과 마음을 혹사하니 아빠가 우리를 버렸다는 생각도 조금이나마 덜 고통스러웠다. 밤에 퇴근하면 온몸에 힘이 하나도 남지 않을 정도로 녹다운이 되니 미워할 힘조차 사라지는 듯했다.

첫 1년은 그렇게 아무 생각 없이 일만 했다. 친한 친구가 결혼해도 못 간다고 알리고 축의만 보냈다. 내가 지금 당장 해야 하는 일 말고는 아무것도 생각할 여유가 없었다. 그러잖아도 고등학교 졸업 이후에 한 번도 뒤돌아보지 않고 앞만 바라보고 달려왔는데, 한국에 와서도 1년 동안 여가 생활 없이 365일 쉬지 않고 오로지 일과 자격증 따는 데만 신경을 곤두세웠다. 하지만 앞을 보아도 정해진 틀 안에서 내가 원하지 않는 일을 해야 한다는 막막함에 몸과 마음은 지쳐만 갔다.

그전까지는 몸을 혹사하면서도 한 번도 내 방식이 틀렸다고 생각해 본 적 없었는데, '이건 아니다' 하는 생각이 드니 드디어 몸까지 무너지기 시작했다. 하루는 식당에 도착해서 청소부터 하고 있는데 아랫배가 너무 아파서 허리를 펼 수 없었다. 조금 누워 있으면 괜찮아지겠지 하고 직원실에 누워 있는데 식은땀이 줄줄 흐르기 시작했다. 통증이 점점 심해져 사장님한테 하루 휴가 맡고 휴식해 보기로 했다. 택시 타고 겨우 집에 도착해서 누워서 쉬려고 했지만 두 시간이 지나도록 통증은 점점 더 심해졌다. 안 되겠다 싶어서 배를 부여잡고 동네 병원으로 향했다. 의사 선생님이 진찰을 하더니 소개서를 떼 주며 큰 병원 응급실로 가라고 했다. 택시 잡기도 힘들 정도로 아프고 힘도 없이 가까스로 응급실에 도착했더니 이것저것 검사를 하더니 오늘 저녁 바로 수술을 잡아야 될 것 같다면서, 보호자를 데리고 오란다.

난소에 종양이 생겼는데 사이즈가 커서 제거 수술을 해야 된다는 것이었다.

병원 복도에서 침상에 누운 채 수술 시간을 기다리는데, 눈물이 두 볼을 타고 저절로 흘러 내렸다. 그동안 참고 있었던 서러움이 한꺼번에 터져 버렸다. 내가 왜 여기서 이러고 있지? 내가 선택한 한국행이 맞을까? 지금이라도 다시 중국으로 돌아가야 되나? 그렇게 좋아 보였던 한국인데 나한테는 아닌가 보다…. 아빠가 밉고, 아무것도 할 수 없는 내가 한심했다.

수술이 끝나고 2주 입원해 있는 동안 한 가지 생각만 했다. 비자가 나의 일자리를 제한한다고 해서 나의 생활까지 한계를 느낄 필요는 없지 않은가! 어느 책에서 읽었는지는 모르겠는데 "아픔은 지혜의 문을 열어 주는 기회"라고 했다. 잘 들여다보면 보인다고, 일만 하면서 돈을 모으시던 부모님을 속으로 원망했던 내가 일만 하고 있는 모습을 발견했다. 자유는 누가 나한테 주는 게 아니라 내 스스로 충분히 만들 수 있다는 걸 잠깐 잊고 있었다. 한국에 왔으니 비자 때문에 상사가, 회사가, 나라가 나한테 쉬라고 허락을 해야만 그렇게 할 수 있다고 착각했다. '한국에서 나는 외국인'이라며 스스로 틀을 만들어 놓고 스스로 거기 갇혀 나의 자유를 박탈해 버렸다.

퇴원하고 나서는 더 이상 일만 하지 않기로 했다. 그때부터 시간만 되면 여행 계획을 짜고 가까운 여행지부터 돌아다니기 시작했다.

여행과 등산을 좋아하는 나는 한국 올 때만 해도 3년 안에 한국에서 유명한 산은 한 번씩 올라가 보리라 했는데, 수술할 당시까지 가 본 데가 고작 다섯 손가락 안에 꼽힐 정도였다. 생각이 바뀌고 나니 내가 처해 있는 환경이 달라 보였다. 이제는 나를 가두는 환경이 아니라, 내가 나가야 되는 곳으로 보이기 시작했다. 그렇게 시야가 달라지니 답답하기만 했던 마음도 차츰 홀가분해지기 시작했다.

그 후로도 1년간 식당 일을 계속 하면서도 일주일에 딱 하루 휴식하는 날이면 가능한 한 여기저기 돌아다니려고 노력했다. 과감하게 주말에 쉴 수 있는 일자리를 찾았고, 집부터 장만하려던 계획을 바꿔 할부로 경차를 한 대 뽑고 여행을 다녔다. 재래시장이나 박물관을 다니면서 한국의 역사나 정서를 알아 가기 시작하니, 어렵다고만 생각했던 한국 생활이 조금씩 더 친근하게 다가왔다. 어디를 다닐까 계획을 세우면서 설레기도 하고, 계획에 없던 뜻밖의 장소를 가게 돼도 새로운 걸 하나라도 더 알아 가는 것으로 다가왔다. 이렇게 취미 하나를 되찾아 여기저기 다니다 보니 부모님이 힘들다고만 하시던 한국도 살 만하다고 생각이 바뀌기 시작했다.

부모님은 나한테 부담을 안 주려고 당신들의 노후를 준비하신다고 한국으로 왔다. 연세가 있으니 눈앞의 향수보다 돈을 조금이라도 더 빨리 모으려고 여가 생활을 하지 않으셨다. 그래서 한국은 오로지 돈벌이 하러 온 곳이고, 취미 생활은 사치고 그림의 떡이라는 말을 입에 달고 살았다. 두 분이 함께 한국으로 왔는데도 월세를 줄이려고 각기 숙소를 마련해 주는 사업장에서 따로 일하셨다. 나는 그 모습을 안타깝게 생각했다. 그런데 나도 은연중에 그 패턴을 닮아 가고 있었다!

만약에 인생의 목표가 집이라면, 자유는 집 평수만 한 크기일 것이다. 물론 나도 내 집 마련을 실현하려고 노력한다. 하지만 이제는 오로지 집을 장만하기 위해 여가 생활을 포기하고 싶지는 않다.

비자가 일자리는 제한해도 한국 안에서 내 갈 길을 가로막지는 않는다. 비자 신경 쓰지 않아도 되는 여행에서, 내 집보다 더 좋은 무엇인가를 얻을 수 있기 바란다.

한국 남친

내 친한 친구들은 남편이나 남자친구 국적과 민족이 다양하다. 한 명은 중국 한족과 결혼했고, 한 명은 캐나다인과, 또 한 명은 조선족과 결혼을 했다. 내가 한국에 오게 되니 친구들이 농담 섞어 말했다.

"너, 한국 가서 남자친구 만들면 우리 모임명은 '국제 남편'으로 정하자."

막상 나는 한국행을 결정하면서 결혼을 포기한다고 선언했다. 중국에서 태어나 30년 살면서도 결혼 상대를 못 찾았는데 한국 와서 결혼이란 꿈 속의 떡이지 싶었다. 게다가 가족이 연락도 안 되는 상황이라 결혼 안 하겠다는 생각이 더 강해졌다.

엄마의 생각은 달랐다. 먼 훗날 외동인 내가 혼자 남겨질 생각에 엄마는 마음이 편치 않다. 그런 엄마의 권유로 맞선 볼 상대를 찾으려고 노력은 했지만, 거기엔 나만의 조건이 있었다. 무조건 조선족일 것, 그리고 다른 걸 다 떠나서 나의 연변 말씨를 부담 없이 들어 줄 사람이어야 한다는 것이었다.

한국에서 연변 말씨로 이야기하면 대놓고 무시하지는 않아도 상대방의 얼굴에서 찰나에 스쳐 지나가는 눈빛이 나 스스로를 과감해지지 못하게 한다. "고향이 어디세요?"라는 물음에 "연변이요"라고 대답하면 대화가 이상하게 저절로 끊겨 버린다. 상대가 악감정 없이 내 말씨 얘기만 해도 은근히 주눅이 든다. 나의 '정체'는 바꿀 수 없기 때문이다. 그래서 말과 생각이 비슷한 사람이라야 내가 편하게 대할 수 있다고 생각했다. 더 군다나 힘든 타국 생활을 함께해야 할 사람이라면 더욱 편한 상대여야 했다.

나는 친구들과 대화하면서 스트레스를 푸는 스타일이다. 그런데 좀처럼 동화되지 않는 말씨를 고치려고 생각하니 말하는 자체가 되레 스트레스가 쌓일 때가 있다. 그래서 가끔은 일부러 조선족 말을 하려고 친구들한테 국제 전화를 걸기도 한다.

하지만 외국에 돈 벌려고 나온 조선족 사람들은 예전의 나처럼 일을 가장 우선순위로 친다. 그래서 조선족 남자와 맞선을 봐도 만남이 이어지지 못했다.

그렇게 조선족들하고만 맞선을 반복하면서 지내던 어느 날, 회사 차장님이 나를 조용히 부르더니 조심스레 물어본다.

"우리 회사 사무실에 총각 한 명 있는데, 만나 볼 생각 있어? 며칠 전부터 자리 마련해 달라고 했는데 내가 깜빡하고 오늘에야 이야기하네."

"한국 사람이면 어차피 오래 만나기 힘든데 망설여지긴 하네요."

같은 회사에서 만났다가 괜히 좋지 않은 소문이라도 돌면 직장생활이 어려워질 것도 같았다.

"현장을 자주 올라오니깐, 왔다갔다 하면서 얼굴은 서로 봤을 거야."

그러면서 대충 설명을 해 줘서 누군지 짐작은 갔지만, 그 사람이 나를 만나겠다고 했다는 것이 솔직히 미덥지 않았다.

"사람 일 어떻게 될지 누가 알아? 일단 밥이나 한번 먹어 봐."

차장님이 한 술 더 떴다.

'직장 상사가 발 벗고 주선해 주는 걸 보면 일은 잘하는 직원이겠지?'

다른 부서 직원들 만날 일이 별로 없던 차에, 일 잘하는 직장 동료 만난다 생각하고 편하게 나가기로 했다. 밥 한번 같이 먹는다고 큰일이야 생길까.

맞선 장소는 삼겹살집이었다. 들어가 보니 시골 할머니 집처럼 푸근한 느낌을 주는 좌식 테이블로 되어 있었다. 상대는 미리 와서 기다리고 있었다. 남자 쪽 상사 내외분도 함께였다. 듣던 대로 서글서글한 인상에 푸근한 덩치였다. 오며가며 스친 적 있는 사이여서 통성명은 생략하고 간단하게 인사만 하고 자리에 앉았다.

고기를 주문하고 기다리는데 분위기가 썰렁했다. 나는 한국말이 어색해서 내가 분위기를 주도하려고 하지 않는데, 상대방도 말수가 별로 없었다. 상사가 왜 동행했는지 이해가 됐다. 동행한 상사분이 분위기를 부드럽게 하려고 먼저 말문을 열었다.

"덩치는 이래 보여도 일하는 걸 보면 몸이 가볍고 센스도 있어요."

돌이켜 보면 그때부터 그 상사분 내외의 고생길은 시작된 거였다. 지금도 우리 부부는 트러블이 생기면 A/S 해 달라며 그분들을 찾아가니 말이다.

상사를 주선자로 내세워서 만나자고 해 놓고선 열심히 고기만 굽고 있는 상대방 모습이 인상적이긴 했다. 그는 밥 먹는 동안은 나랑 얼굴 마주보고 대화하기보다 고기를 더 많이 살폈다. '내가 외국인이라서 시큰둥해 하는구나' 생각했다.

상사분이 또 거들었다.

"진하 씨는 덩치 있는 남자 괜찮으세요?"

"네, 저도 덩치 있는 사람을 좋아해요."

식사는 그럭저럭 마무리되었다. 소주 한잔 걸친 '맞선남'은 집 방향이 같다는 핑계로 내 차에 따라 탔다. 그렇게 둘이서 집 방향으로 가며 기회를 봐서 넌지시 물었다.

"혹시… 제가 외국인인 건 아시죠? 괜찮으신가요?"

"저는 조선족분들이 두 나라 언어를 할 줄 알아서 부러워하는 사람 중 하납니다."

자격지심이 어느 정도 위로를 받자, 다음에 또 보자는 제안을 받아들였다. 말로만 한 민족이라면서 차별하는 한국 사회인데, 차별해 주지 않으니 더 만나 봐도 괜찮겠다고 생각했다.

그렇게 다음번에는 영화를 함께 보고, 그다음에는 식당을 함께 가고, 커피숍도 들렀다. 처음엔 그 사람 말수가 적어서 어색하긴 했는데, 한국말을 유창하게 하지 못하는 나한텐 오히려 그런 면이 편한 점도 있었다. 한국인이면서도 조선족에 편견이 없는 이 사람이 조금씩 궁금해지기 시작했다.

중국 살 때는 중국인이면서도 소수 민족이라는 이유로 차별을 받아 왔다. 한국에 와 보니, 외국인이면서 한국말을 할 줄 알지만 어중간하다는 불편한 시선을 받아야 했다. 부모님은 처음 한국 왔을 때 불법 체류자라는 이유로 임금을 떼이기도 했다. 아빠가 연락이 안 돼서 내가 여기 와 힘들게 처음부터 다시 시작하는 상황도 전부 다 힘에 부쳤다. 그래서 한국을 대하는 나의 마음도 닫혀 있었다. 타향살이 하면서 정착이 잘 안 되는 마음을 누군가가 위로해 주길 바라고 있어서였을까? 누군가를 붙잡고 이야기하고는 싶었다.

수술 이후 스스로에게 자유 시간은 허락했으면서도 사람 관계에 아직 자유롭지 않았다. 비자가 만기 되면 중국에 다시 돌아가야 되는 상황이 온다고 늘 마음속으로 생각하면서, 이기적이 되려고 했다. 다치지 않으려고 자신을 꽁꽁 싸매고 과보호하는 나의 모습이 보였다.

'남자친구 사귀는 건 괜찮아.'

'국적을 떠나서 사람만 보자.'

'당장 좋으면 나중에 안 돼도 최소한 추억은 되지 않겠어?'

한껏 움츠러든 용기를 다시 북돋으려 긍정적으로 생각하기까지 수많은 이유를 스스로 만들어야 했다.

그리고 2017년 1월 29일 눈 내리던 날, 우리는 피맥을 앞에 놓고 여느 연인들처럼 "오늘부터 1일" 하기로 했다.

나중에 들었는데, 처음 본 그날 고기만 열심히 구운 건 나한테 잘 보이려고 그런 거란다. 지금은 남편이 된 남친은 고기 잘 굽는 걸 늘 자부한다. 그런데 솔직히 나는 고기 잘 굽고 못 굽고 차이를 모를 정도로 고기를 좋아하지 않는다. 반대로 남편은 삼겹살 구울 때 집중력이 거의 집요함 수준이다. 내가 말을 시켜도 건성으로 대답하기가 일쑤이고, 다시 물어보면 "내가 지금 고기 굽고 있잖아!" 하고 구운 고기 기름 빠져 나가듯 웃음기 빼고 정색을 한다. 그리고 다시 고기 굽기에 몰입하고는 노릇하게 잘 구워진 고기 조각을 내 앞에 놔 준다. 그러면 섭섭했던 마음이 또 금세 풀어지곤 한다.

그래도 나는 삼겹살을 별로 좋아하지 않는다.

달라도 너무 다른 우리

한국에서 혼자 여행할 때는 그냥 외국 여행 온 느낌이었다. 표지판이나 게시판이 익숙한 중국어 대신 한국어로 돼 있어서다.

남친과 둘이서 여행을 다녀 보니 한국은 취향이 다른 커플들끼리 함께 여행하기 참 좋은 곳이라는 걸 알았다.

중국은 땅덩어리가 넓어서 산 한번 구경하려면 이삼일 걸린다. 해변 도시가 아니면 바다 구경 한번 하기 위해 며칠을 예산해야 된다. 죽을 때까지 바다 구경 한번 못 하는 사람이 더 많다. 그런데 한국에서는 산에 있다가도 마음만 먹으면 한두 시간 만에 바다로도 갈 수 있다. 문화생활 할 거리도 많아서, 주말 하루 안에 서로 취향 맞춰 주며 다 구경할 수 있어서 좋다. 한국 사람들한테는 이 모든 게 당연한 일일지 모르지만, 나한테는 이 나라에서 주말을 이용해 산과 바다를 한꺼번에 구경할 수 있다는 건 참 고마운 일이다.

남친과 나는 자라 온 환경이 다른 만큼 서로 다른 부분이 많을 거라고 마음의 준비는 하고 있었지만, 다른 점이 생각보다 많아서 놀랐다.

우선 취향이 거의 정반대다.

나는 독서를 좋아한다. 우연히 도서관을 함께 간 적이 있는데, 남친은 비디오 있는 데서 시간을 다 보냈다.

한번은 독서를 좋아하는 나를 배려해서 남친이 나를 만화방으로 데려갔다. 시간제로 돈을 내고 맛있는 걸

사 먹으면서 누워서 책을 볼 수 있는 곳이었다. '정통 독서'를 좋아하는 내 스타일은 아니지만, 내 취향에 맞추려고 나름 노력하는 게 가상했다. 삼십대도 반 넘은 둘이서 만화방에 그러고 있는 게 웃기기도 했지만, 한국 문화를 많이 접해 보지 못한 나는 신선해서 좋았다.

남친은 한 시간도 채 안 돼서 만화책을 얼굴에 덮고 코까지 골아 가며 자기 시작했다. 만화방에서 잠을 잘 정도면 독서와는 인연이 없는 것이다. 그 후로는 만화방도 함께 가 본 적이 없다.

좋아하는 음식도 정반대다. 남친은 대식가인 데다 고기를 좋아하고, 나는 생선을 즐겨 먹는다. 생선 싫어하는 남친이 신기해서 물어본 적이 있다.

"한국은 해산물 동네인데 왜 생선을 싫어해요?"

"잔뼈가 많아서 먹으면서 배가 고파요."

한 덩치다운 대답이었다.

남친은 고기 하면 부위별로 굽는 방법과 조리법을 꿰고 있다. 고깃집 가면 "이렇게 고기 잘 굽는 남자는 주변에 없을 거다"라며 자백하기 일쑤다. 고기가 조금이라도 타는 걸 못 봐주고, 아무리 술에 취해도 육즙이 안 빠지도록 사수한다. 하지만 나한테 고기는 그냥 고기다. 부위별로 맛 차이를 별로 느끼지 못할 정도다. 남친은 나를 만나 가장 칭찬 받을 거리를 잃어버린 셈이다.

좋아하는 여행 스타일도 다르다. 나는 등산을 좋아해 철 따라 산을 타는 오랜 취미가 있다. 상해 있을 때도 암벽 동호회를 따라 야외 암장 다니는 걸 좋아했다. 그런 나에게 산이 많은 한국은 천국이다. 반면에 남친은 5년 군대생활 하면서 집 앞마당 나가듯이 산을 다녀서, 산만 보면 토가 나올 것 같단다. 다른 건 다 맞춰 주는 시늉하면서 등산만은 함께 하기 싫어한다.

그리고 좋아하는 계절도 다르다. 추위를 많이 타고 푸른색을 좋아하는 나는 여름이 좋다. 덩치 좋고 열이 많은 남친은 겨울을 좋아한다. 취미로 10년 넘게 스노보드도 타고 있어서, 한 번도 타 본 적 없는 나를 데리고 스키장을 간 적도 있다. 잘 넘어지는 방법부터 거의 전문가 수준으로 가르치려고 노력을 했지만, 추위 싫어하는 내가 보드를 즐기게 하는 데는 실패했다.

심지어 사람 만나는 스타일도 달랐다. 나는 한국 온 이후로 직장 동료 말고는 친구 사귈 일이 거의 없었다. 남친한테 인사 시켜 줄 친구도 주변에 없었다. 반면에 사람 좋아하는 남친은 술 모임부터 동호회 모임까지 일주일이 멀다 하고 모임에 다녔고, 그때마다 꼭 나도 함께 가기를 원했다.

모임에 같이 가는 걸 처음에는 대수롭지 않게 생각했다. 중국에 있을 때 한국인 암벽 동호회원들이랑 잘 지냈던 좋은 기억도 있었다. 그런데 중국에서 한국인 동호회원들이랑 얘기할 때는 암벽이라는 같은 주제가 있었지만, 한국에서 남친과 지인들이 만나 한국 얘기 하는데 나는 대화에 끼기가 힘들었다. 한국에서 학교를 다니지 않았고 생활 패턴도 달라서 공통의 주제나 공감대가 형성되지 않는 것이었다. 그래서 함께 모임에 나가는 걸 점점 망설이게 됐다.

오래 고민한 끝에 남친한테 "지인들과 자리가 불편하다"고 실토했다.

"나라를 따지는 자리면 내가 안 만들었지!"

배려하는 의도는 진심으로 고마웠다. 하지만 내 마음은 쉽게 돌아서질 않았다. 그래서 한동안 이런저런 핑계를 대면서 남친 모임을 피해 다니기도 했다.

나는 아는 사람을 만나도 조선족을 만나는 게 편하다. 간만에 연변말로 수다 떨면서 통쾌하게 이야기하고 싶어서다. 그런데 남친 모임에 가면 주변 사람들은 다 한국말로 이야기한다. 그게 싫어서 조선족 친구들을 만나러 가려고 하면 남친이 굳이 같이 가겠다고 한다. 떼어 놓으려면,

"내가 싫어? 내가 창피해?"

짐짓 하는 얘기지만 얄밉기도 했다.

"보통은 여자친구들끼리 모이는 모임엔 남자들이 안 가고 싶어 하는 게 당연한 거 아니야?"

"나는 보통이 아니라 곱빼기니까."

짜장면을 한 번도 빠지지 않고 곱빼기를 시키는 남친인지라 말이 되긴 했다.

그러다가 드디어, 공통의 취미를 하나 찾았다!

거의 유일하게 함께 좋아하는 것, 바로 바다였다. 바다랑 관련된, 둘 다 안 해 본 취미 활동을 찾아서 배워 가는 재미가 쏠쏠했다. 프리 다이빙 다니고, 스킨 스쿠버 자격증도 함께 따고, 해루질(밤에 갯벌에서 등을 켜고 어패류 잡는 것)도 같이 하면서 새로운 취미를 만들어 갔다. 여행도 그동안 혼자서는 엄두를 못 내던 캠핑으로 바꿔서, 지역 맛집 탐방도 하고 박물관이나 중앙시장 순례도 겸해서 함께 다녔다. 혼자서는 아무래도 제약이 많던 여행을 둘이서 함께 하니 더 풍부해져 갔다.

어느 날, 남친과 나를 다 아는 몇 안 되는 사람들이 이런 충고를 해 주었다.

"친하지 않으면 나라를 따질 수 있지만, 친해지면 지역하고 나라를 안 따져요."

한국 생활 3년차인 2015년 9월, 건강을 크게 망친 후 마음의 자유를 찾아 혼자 떠난 여행길에 보성 녹차밭에서. 항주 서호(西湖)의 용정차밭 생각이 나서 눈물이 나올 뻔했다.

위로 삼아 하는 말이지만, 생각을 바꿔 보기로 했다. 남친을 알아 가듯이 한국도 알아 가기로 했다. 그때까진 한국을 단순히 돈 벌러 온 곳으로만 생각했지만, 이제는 단 몇 년 살더라도 이곳에서 내가 얼마나 성장해 갈 수 있을지 궁금해지기 시작했다. 지인들의 열린 배려가 생각을 바꾸는 데 큰 도움이 되었다.

그때부터 주말이 되면 웬만하면 둘만이 아니라 주변 지인들과 함께 캠핑을 하거나 같은 취미 생활을 만들어 가는 쪽으로 신경을 더 많이 썼다. 모르는 사람들이 어떻게 보느냐보다, 우리끼리 우리의 역사를 만들어 가고 마음이 맞는 사람들과 함께 보내는 시간을 더 즐기기로 했다.

아빠가 가져가 버린 재산을 다시 벌어야 된다는 한 가지 생각만으로 가득 찼던 나한테, 조여 오던 숨통이 서서히 트이고 있었다.

"나도 오빠 낳아 줘!"

어릴 때 마을 아이들과 놀다가 사소한 일로 다툼이 생기면, 다른 애들은 집에 가서 언니 오빠들을 불러다 제 역성을 들게 하곤 했다. 몇 번이나 그렇게 억울하게 당하고 나니 서러운 마음에 집에 달려와 엄마한테 하소연을 했다.

"엄마, 나도 오빠 낳아 줘!"

"오빠를 낳았으면 너는 없어!"

어이없다는 듯이 웃으면서 말하는 엄마를 보며 나는

절망에 빠졌다.

남존여비 사상이 깊었던 시대라 할머니는 장손인 사촌 오빠를 굉장히 예뻐 하셨다. 그래서 나도 그런 오빠가 있으면 든든한 백이 될 거라고 믿었다. 엄마가 새로 낳아 봤자 동생이지 오빠가 아니라는 건 나중에 알았지만, 그때는 오빠를 낳아 주지 않겠다는 엄마가 밉기만 했다.

장기 두기 좋아하는 아빠를 졸라서 장기를 배워 달라고 했더니

“여자가 장기를 배워서 뭐하냐?”

매몰차게 거절하는 아빠의 말씀에 자존심이 상하기도 했다.

그래서일까, 나는 어려서부터 집 밖에서 남자애들이 노는 놀음(놀이)에 적극 도전했다. 그렇게 남자아이들과 놀면 웬만한 여자애들한테는 이길 수 있을 것 같았다. 외동딸의 처절한 몸부림이다.

그런 생활이 몸에 배서 초등학교 때는 남자애들과 어

울려서 축구를 하고, 중학교 다닐 때는 농구를 치면서 놀았다. 남자와 여자 몸은 태생부터 다르다는 걸 차차 알게 되었지만, 사회에 나와서도 여전히 다른 여자들과 비교하고 경쟁하기보다 은근히 남자들과 비교하는 자신을 발견하곤 했다.

그러던 내가 남친을 만나고 생각이 많이 바뀌게 되었다.

정식으로 소개 받기 전, 같은 회사를 다녀서 회사 동료로 얼굴만 알고 있을 땐 D라인 겉모습만 보고 당연히 유부남이라고 생각했다. 아직 총각이라니 조금 놀라긴 했지만, D라인은 궁금했다. 사귀기로 하고 나서 조심스럽게 언제부터 몸이 웅장해지기 시작했냐고 물어봤더니, 자기는 태어날 때부터 평균 이상으로 태어났고, 유치원부터 학교 졸업할 때까지 반급에서 한 번도 작아 본 적이 없고 늘 다른 애들보다 머리 하나는 더 컸다고 한다.

어느 날 남친이 집에서 맛있는 요리를 해 주겠다며 초대를 했다. 주방에서 분주하게 요리를 하는 모습을 보고 나도 가만히 앉아 있을 수 없었다.

"밥은 제가 담을 테니 밥공기를 주세요."

남친은 밥공기 하나와 대접 하나를 건네주었다.

"대접을 왜 나한테 주세요?"

요리하는 데 내가 끼어들어서 헷갈린 줄 알았다.

"아, 오빠 밥공기는 이 대접이야."

평소 먹던 대로 자기 밥그릇을 건네준 건데 그게 대접이었다. 같은 대접인데 남친이 들고 있을 때랑 내가 들고 있을 때랑은 사이즈도 달라 보였다. 나와는 참 많이 다르다는 걸 이 무렵부터 알아차렸다.

어느 주말에 통영 서피랑마을에 갔을 때다. 전망 좋은 곳에서 사방을 둘러보다가 남친이 저편 널따란 공지를 가리키며

"저기 씨름장 있네! 여기 왜 씨름장이 있지?"

그때 그 반짝이는 눈빛을 보며, 초등학교 때 씨름 선

수 해보겠냐는 제의를 받았다고 자랑한 기억이 떠올라 "그럼 나랑 씨름 한판 해 볼래요?" 하고 겁 없이 덤볐다.

어린 시절, 잠자기 전에 늘 아빠랑 씨름을 하는 습관이 있었다. 이길 때까지 하겠다고 덤벼드는 나한테 아빠가 한 번은 일부러 져 주어야 비로소 잠자리에 들 수 있었다. 아무리 나는 상대가 안 될 거구라도 어릴 적 가락으로 어느 정도는 버틸 줄 알았다.

웬걸, 나는 시작하자마자 허공에서 360도 돌아 버렸다. 땅이 겨우 발이 닿는가 싶자마자 또다시 붕 떠올라 한 바퀴 돌았다. 순식간이라 비명조차 나오지 않았다. 힐끗 남친의 얼굴을 보니 몇 바퀴는 더 돌릴 테세였다.

"미안! 미안! 내가 잘못했어!"

이미 죽도록 비참한데 더 이상 비참해질 수는 없어서 바로 꼬리를 내려 버렸다. 재미로 하재는데 죽자고 덤비는 남친이었다.

남편이자 애아빠가 된 지금은 웬만한 농담과 장난은

주고받는 사이가 됐지만, 나는 씨름 하자는 소리만은 절대 안 한다.

부탁은 어려워

타국살이를 하다 보니 소소하게 남의 신세 질 일도 많다.

나는 외동으로 자랐기에 어려서부터 뭔가 부탁하고 도와줄 형제자매가 없었다. 중학교 때부터는 부모님과 떨어져 기숙사 생활을 했고, 고등학교 졸업하고 한때는 타지에서 관광안내원을 하며 여기저기 돌아다녔기에, 나 스스로 해결할 수 있는 일은 혼자서 하는 게 몸에 뱄다. 그런데 한국에서는 사소한 것까지 남한테 물어보고 부탁해야 한다는 게 몹시 힘들었다. 하지만 내가 알고 있던 것과 다른 것은 남한테 물어봐서 확실히 알아야만 정상적인 생활이 가능하다.

중국에서야, 풀리지 않는 일은 어떤 종류의 일은 어디 가서 해결하면 된다는 기본적인 정보가 있으니까 적어도 헤매지는 않는다. 이따금 모르는 건 친구한테 물어보고 지인한테 전화하면 그만이다. 하지만 외국에 있다 보니 기초적인 것들조차 매번 인터넷으로 검색해 봐야 겨우 제 길을 찾는다. 대표적으로, 한국인들은 너무나 간단하게 만드는 신용카드도 나에게는 높은 산이다.

심지어 중국에서는 경찰을 부를 때는 110, 구급차는 120, 소방차는 119를 누르면 되는데, 한국은 경찰 120, 구급차와 소방차는 119여서 처음엔 굉장히 헷갈렸다. 아직까지 눌러 본 적은 없고 만일의 경우에 대비해서 외우는 건데, 비슷하게 간단해서 오히려 더 헷갈린다. 외국인등록증 교육을 할 때, 외국인으로 한국에 와서 싸움에 말려들면 추방될 확률이 높아지므로 가급적이면 싸움은 피해야 된다고 들어서, 경찰차와는 안 좋은 인연이 없었으면 하는 바람도 크다.

이렇게 기본적인 것부터 의식주 해결까지, 하나에서 열까지 다시 시작한다는 마음으로 낯선 환경에서 살아가자니 때론 외딴섬에 버려진 것 같은 기분이다.

나 자신 부탁하는 데 익숙하지 않은 데다 여기서는 내 한 몸 건사하기도 힘든 처지라, 남이 나한테 무슨 부탁을 해 오는 것도 힘들게 느껴졌다. 입장 바꿔 내가 다른 사람한테 부탁하면 그 사람도 힘들겠지 하는 악순환이 마음속에서 일어나 더 부탁을 못 하게 되기도 한다. 더구나 한국에는 『거절 잘 하는 법』 같은 책들도 나와 있었다. 내가 아주 기초적인 것들을 몰라서 부탁을 하면 상대가 인내심을 갖고 잘 알려나 줄까 하는 두려움도 있었다.

그러다 보니 일상생활은 물론 직장에서도 누구한테 도움을 부탁할까 생각하기보다 어떻게든 내가 해내고야 말겠다는 고집이 생겨 버렸다. 이리저리 다 시도해 보고 포기하기 직전까지 가서, 밑져야 본전이라는 생각이 들 때쯤 비로소 주변에 한번 도움을 요청해 본다.

남친은 형제가 있고 이 고장에서 농장을 하시는 부모님과 계속 살아서 친구와 지인들도 같은 동네 사람이 많고 모임도 거의 다 지역 모임이다. 태어난 곳에서 학교를 다니고 취업까지 했고, 심지어 제주도 여행도 안 가 봤다고 했다. 드넓은 중국에서, 동북 내륙 연변에서 태어나 직선거리로 신의주~부산의 두 배보다 먼 남쪽 바닷가 상해와 항주에서 직장생활을 한 나랑은 많이 다르다. 웬만한 문제는 전화 몇 통이면 금세 해결되는 게 곁에서 보기에도 신기했다. 맛집 하나 알아보는 데도 나는 두어 시간 걸리는데 남친은 그냥 원래 알고 있다.

처음엔 남친한테도 뭘 부탁하는 데 익숙하지 않아서 뭐든 나 혼자 결정하고 결론만 말해 줬다.

"나, 주말에 회사 언니들 만나."

"어디서?"

"내가 아는 데가 별로 없어서, 장소는 언니들 가자는 데로 가기로 했어."

"나한테 물어보지. 이 동네는 내가 꽉 잡았는데."

"내 일이니깐 내가 알아서 할게."

"내가 도와주는 게 싫어?"

말 그대로 이 고장을 '꽉 잡은' 남친은 내가 미리 물어보고 도움을 청하지 않은 게 자존심 상한다.

"도와주는 걸 싫어하는 사람이 어딨어?"

"그런데 나는 왜 무시당하는 기분이 들지?"

무시당하는 기분이 들 정도라고는 나는 한 번도 생각해 보지 못했다. 나는 반대로 누군가 나한테 이것저것 시키거나 시시콜콜한 것까지 물어보면 나를 가볍게 본다고 생각하기 때문이다.

"스스로 너무 힘들게 몰아가지 말고, 나한테 시킬 건 시켜."

남친이 입버릇처럼 하는 말이다.

남친은 남의 부탁만 잘 해결하는 것뿐 아니라, 남 시

키는 데도 일가견이 있다. 부사관으로 5년이나 군복무한 타성이다.

결혼 후의 일이다.

"물 한 컵 떠 줘."

설거지하는 나한테 놀면서 굳이 시킨다.

"나도 바쁘니깐, 알아서 드셔."

"볼펜 줘 봐."

자기 옆에 있는 볼펜을 나한테 집어 달란다.

"볼펜은 그쪽이랑 더 가까이에 있는데?"

연애할 때는 이런 '꽁냥'도 재밌달지 모르지만 마음의 여유가 없을 때는 화낼 만한 일이다.

이런 나를 발견하고 바꾸려고 노력하는 데도 '계기'가 필요했다.

나는 한국에 올 때까지 수영을 할 줄 몰랐다. 나이 서른 넘어 수영도 못 한다는 걸 남친은 무척 재밌어 했다. 집 근처에 수영장이 있지만, 평생 수영 못하고 잘살아

왔는데 굳이 배워야 하나 하는 생각에 일 년 넘도록 가보질 않았다. 한 달 회원권을 끊고 한두 번 다니고 관둔 적도 있다.

남친한테 놀림거리가 되자, 다시 한번 도전해 보려고 수영장에 갔다.

처음 수영을 배울 땐 '숨을 참을 수 있는 거리'가 내가 수영할 수 있는 거리였다. 한마디로 허우적거림 그 자체인데, 여기 사람들은 그걸 '맥주병'이라고 부른다는 걸 그때 처음 알았다. 수영은 힘차게 팔을 젓고 다리를 차야 더 잘 뜨고 멀리 가는 줄 알았다. 가라앉으려고 하면 더 불끈 힘을 주어 물장구를 치고 팔을 뻗었다. 그럴수록 숨은 더 가쁘고 몸은 더 가라앉았다. 쭉쭉 잘 나가는 다른 분들을 보니 숨도 가만가만, 팔다리도 유연하게 힘을 빼고 우아하게, 여유 있게 왔다갔다 하고 있는데 나만 거친 숨을 몰아쉬며 온몸이 경직돼 있었다.

보름 정도 그렇게 헤매다가, 자칭 수영을 잘한다고 뻐기고 남 돕는 데 일가견 있는 남친의 도움을 빌리기로 했다. 썩 내키지는 않았지만 레슨비 아낀다 생각하고 눈 딱 감고 가르쳐 달라고 부탁을 했다. 남친은 허우적거리는 나를 보더니,

"급할 필요 없어, 천천히 해."

"천천히 하면 자꾸 가라앉는데? 천천히 할 수가 없어!"

"가라앉고 뜨는 건 호흡을 가지고 조절을 해야지, 팔다리로 조절하는 게 아니야. 호흡을 가지고 있으면 뜨고, 뱉어 버리면 가라앉으니까 그걸로 조절해 봐."

"엥? 내가 지금까지 호흡을 틀리게 한 거였어?"

"모르면 물어보면 되지. 돈 드는 것도 아닌데."

고생을 사서 한다더니, 딱 나한테 어울리는 말이었다. 하지만 조선족 말투가 신경 쓰여서 질문 자체에도 용기가 필요한 내 마음을 그가 알 리가 없었다.

사람이 살다 보면 누군가의 도움을 필요로 하고 또 누군가의 부탁을 들어줄 일이 많을 것이다. 앞으로 여

기서 살아가려면 내가 어렵게만 느껴 온 부탁을 '호흡'이라 생각하고 자연스럽게 받아들여야겠다. 쉬운 부탁도 어렵게 할 수밖에 없는 외국인인 만큼 더 큰 용기가 필요하겠지만, 그냥 호흡하듯이 들이쉬고 내쉬고를 반복한다고 생각하기로 마음 먹었다.

함께 사는 요즘엔 나름 부탁한답시고 내 기준으로,

"우리 오늘 저녁은 쌀국수나 삶아서 먹을까?"

남편은 한참이나 눈을 껌뻑이다가

"쌀국수는 누가 삶아?"

"내가 삶을 거면 그냥 삶았지!"

완곡하게 말했더니 전달이 안 됐다.

"그냥 삶아 먹자고 하지 말고 '여보, 쌀국수 삶아 줘' 이래야 내가 삶지, '먹을까?' 이러면 나는 누가 삶나 고민 되지!"

하… 부탁은 아직도 어렵다.

죽다 살아난 새해맞이

남친과 1년 넘게 사귀면서 결혼을 생각 안 해 본 건 아니지만 계속 망설여졌다. 아빠가 연락이 되면 중국에 다시 돌아갈 생각을 한편으로 하고 있었기 때문이다. 지인 중에 한국 남자랑 결혼하고 잘산다는 소식보다 이혼했다는 소문들이 더 많이 들리기도 하고, 한국 남자랑 결혼하면 무시를 당할 각오를 해야 한다는 귀띔도 있어, 결혼 이야기가 나오면 대화가 깊어지지 않았다.

하지만 남친은 "오늘부터 1일째" 하기로 한 그날 전까지 충분한 고민을 다 하고 결혼을 작정하고 만나 왔다고 했다.

그래서 딱 한 가지만 약속하고 만남을 이어 갔다.

"앞으로 우리가 함께 늙을 수 있다면 행운일지 불행일지는 모르지만, 좋은 추억들을 우려먹으면서 노후를 보내자. 어차피 죽으면 몸통도 못 가져가는데 재물에 너무 욕심을 부리면서 시간 낭비는 하지 말자."

그 약속 하나만 하고, 주변의 시선을 뒤로 하고 우리 둘만의 시간을 가지고 좋은 추억들을 많이 쌓아 갔다.

추억 쌓기 바빴던 우리는 2018년 새해 첫 해돋이를 보려고 계획을 잡았다. 장소는 천안 흑성산(해발 519m).

우리가 있는 동네에서 약 20킬로미터 거리지만, 새해 첫새벽에 일어나 출발하려면 힘들 것 같아서 전날 저녁에 차에 침낭을 챙겨 넣고 산꼭대기에서 잘 준비를 하고 출발했다. 야외에서 자는 게 쉽지 않을 것이라고 짐작은 하면서도 일출 구경할 생각에 들떠서, "그 정도는 쉽게 이겨 낼 거야", "어떤 소원을 빌어야 이루어질까?" 농담을 주고받으면서 갔다.

산에 오르는 밤길은 캄캄했다. 우리와 같은 생각인지 다른 차들도 보였는데, 다들 끝까지 올라가지 않고 길옆에 차를 세워 두고 아침을 기다리려는 모양새였다. 우리에게 어떤 일이 닥칠지, 그때까지만 해도 상상조차 하지 못했다.

가로등도 없는 산길, 전조등에만 의지해 운전을 해서 산꼭대기까지 이제 100미터쯤 남았나 보다. 중간에 차가 간간이 미끌 하며 비틀거리긴 했지만, 전날부터 날씨가 좋았기에 눈은 다 녹았을 거라고 대수롭지 않게 생각했다. 그런데 정상까지 마지막 가파른 비탈길 앞에서부터 차가 더 올라가지 못했다. 가속 페달을 힘껏 밟아도 소리만 요란하더니, 급기야 차가 뒤로 밀리기 시작했다. 순간 오싹했다.

"뒤 하나도 안 보여!"

운전대를 잡은 남친의 다급한 목소리에 사태의 심각성을 알아차렸다. 우리 차 전조등 말고 주변에 아무 불빛도 없으니, 사이드 미러로 뒤를 보아도 아무것도 안 보이는 것이었다. 핸들도 이미 무용지물이 돼 버렸다. 뒤로 밀리는 속도가 점점 빨라지는데, 칠흑같이 캄캄한 밤에 좁은 차 안에서 할 수 있는 게 아무것도 없으니 머릿속이 하얘졌다.

"쿵!"

소리와 함께 몸이 좌석에서 붕 떴다가 다시 내려앉았다.

'설마 이렇게 죽는 건 아니겠지?'

그 좁은 공간에서 마치 유체이탈 한 것마냥, 슬로 모션으로 내 몸이 천천히 내려오는 걸 나는 언뜻 보았다. 앉은 자세 그대로 좌석에 내려앉았지만 차도 몸도 왼쪽으로 심하게 기울어져 있어 운전석의 남친이 내 아래 있었다.

'아! 차가 뒤집어지는 게 순식간이구나!'

차가 더 기울어져 완전히 뒤집어지는 순간을, 나는 안전벨트를 꼭 잡고 마음 졸이며 기다렸다. 거친 숨을 느끼며 긴장된 사지를 웅크리고 있는데, 다행히 차는 더 이상 기울어지지 않았다. 움직였다간 차가 더 기울까 봐 우리는 한참을 꼼짝 못 하고 앉아만 있었다.

시간이 얼마나 흘렀을까? 우리는 말없이 마주보며 살아 있다는 확신을 눈짓으로 나누고서야 기울어진 차를 간신히 빠져나왔다. 내려서 보니 땅이 웅덩이처럼 움푹 팬 곳에 차 왼쪽 바퀴가 빠져 걸려 있었다. 방향을 조금만 틀었어도 그냥 낭떠러지였을 텐데, 바퀴가 걸린 데다 바로 뒤에 나무까지 막고 있어 차가 더 내려가지 않은 것이었다. 차도 망가진 데 없이 멀쩡했다. 천운이었다.

인적도 없는 산꼭대기에서 오밤중에 차를 빼 보려고 둘이서 밀어도 보고 시동도 걸어 보며 안간힘을 다 써 봤지만 차는 꿈쩍도 하지 않았다. 그렇게 진을 다 빼다가 어느 순간 약속이라도 한 듯 침묵이 왔다. 둘의 힘으로는 도저히 안 되겠다는 현실을 받아들여야만 했다. 상황을 더 이상 악화시키지 말고 다른 방법을 찾아보기로 했다. 차 안에 오리털 침낭이 있으니 얼어 죽진 않을 거고, 구원 요청이나 하고 기다려 보기로 했다.

새해 첫날 새벽 두 시, 부끄러움을 무릅쓰고 보험사에 긴급출동을 요청했다. 사람은 멀쩡하다고 하니, 이 밤중에 그 꼭대기까지 차량 진입이 어려우니 아침에 다시 연락을 하란다.

그사이 우리같이 무모한 일행이 우리 다음에도 두어 대는 더 올라갔다. 그들은 다행히 우리처럼 웅덩이에 빠지는 신세는 면했지만, 만에 하나 우리처럼 뒤로 밀려 내려와 우리 차를 덮칠까 봐 긴장을 늦출 수 없었다. 그렇게 엄동설한 기울어진 차 안 침낭 속에서 하룻밤을 보내야 했다. 그나마 다친 데 없다는 안도감이 엄습해 왔다.

"이 차, 큰일 날 뻔했네!"

와중에 둘 다 곯아떨어졌나 보다. 해돋이 보러 걸어 올라가는 사람들이 하나 둘씩 우리 차를 지나가며 한마디씩 하는 소리에 화들짝 잠이 깼다.

'벌써 아침인가?'

주위는 아직 어둑했다. 사람들 보기 창피해서 도저히 차 밖으로 나갈 수 없었다.

해돋이 시각이 거의 다 돼 가는지 지나가는 사람들도 뜸했다. 사고는 사고고, 기왕 여기까지 왔는데 해돋이는 봐야 할 것 같아서 모자를 꾹 눌러쓰고 걸어서 산꼭대기까지 올라갔다. 해돋이도 보고 소원도 빌고, 할 건 다 했다.

해가 완전히 올라오고 등산객들도 하나 둘 내려가고, 마지막까지 기다렸다가 차 있는 데까지 다시 왔다. 처박힌 차를 보니 한숨부터 나왔다. 다시 보험사에 전화했다.

"용기가 가상하시네요. 그 꼭대기는 봄이 돼도 눈이 안 녹는데 무슨 용기로 올라가셨는지…."

용기는 무슨, 무모했지.

몇 시간 뒤, 차량 진입은 위험하다며 남자 직원 몇 명이 쇠사슬을 메고 끌고 힘겹게 올라오는 게 저 아래 보였다. 일행이 다가올수록 새해 첫날에 대역죄인이라도 된 기분이었다. 차라리 집안에 가만히 앉아 있는 게 이런 일 하는 분들 도와주는 건데 말이다.

올라갈 땐 어두워서 몰랐는데, 밝은 낮에 내려오면서 보니 눈길이 꽤나 위험하긴 했다. 긴급출동 차량이 안 올라올 만도 했다. 간밤에 다른 차들이 더 올라오지 않은 데는 이유가 있었던 것이다. 물론 우리도 낮이었다면 감히 올라올 생각을 안 했을 것이다. 우리처럼 웅덩이에 빠진 차량들이 아래에 몇 대 더 있었다. 등산보다 하산이 더 어렵다는 말이 실감 나는 하루였다. 길옆에 비치된 모래를 뿌려 가며 기다시피 해서 서너 시간이나 걸려 다 내려왔다. 집 나가면 개고생이라더니….

그렇게 뜻하지 않은 중노동을 하면서 하산하고 나니 긴장이 풀리면서 그제야 배가 고파 오기 시작했다. 식

섣달 그믐날 밤 얼어붙은 겨울 산을 무모하게 오르다 오도가도 못하게 돼 버린 자동차(위). 와중에도 새해 첫 해돋이 사진은 찍었고, 살아 돌아온 기념으로 이튿날 예식장을 예약했다.

당을 찾아 뜨끈한 국물에 밥을 먹으면서 힐끗 보니 남친은 다크서클이 턱까지 내려와 있었다. 우스웠지만 웃을 힘도 없었고 나도 우스꽝스럽긴 마찬가지일 것 같아서 국그릇에 고개 틀어박고 아무 말 없이 먹기만 했다.

"할 일도 없는데 예식장 구경 가 볼까?"

다음날 남친이 뜬금없이 물었다.

"그래!"

다른 때 같으면 "결혼할 것도 아닌데 예식장 구경은 왜?"라고 튕겼겠지만, 그날은 '죽다 살아난 해돋이 구경도 했는데 예식장 구경쯤이야'라며 오기가 생겼다.

첫 번째 들른 예식장에서 결혼 날짜 잡고 예약금까지 지불했다.

"다른 데 안 돌아봐도 되겠어?"

"돌아보다 보면 생각이 바뀔 수도 있어. 생각이 바뀌기 전에 결정해야 돼."

진심이었다. 그날 우리는 그야말로 막다른 상황에서

아무도 서로 탓하지 않았다. 구경할 것 다 하고 안전하게 하산까지 했으니, 앞으로 예기치 못한 상황에 부딪쳐도 지혜롭게 풀어 나갈 수 있을 것 같았다.

'결혼? 뭐 대수라고! 죽기 전에 해 봐야지.'

죽다 살아나니 생각이 바뀌었다.

그로부터 반년 후 우리는 두 손 잡고 결혼식을 올렸다.

결혼 후 우리 부부는 새해 첫날 해돋이 보러 가지 않는 게 무언의 약속처럼 되었다. 그 대신 아침에 해 뜨기 전에 일어나면 함께 해돋이를 보기로 협상이 되었다.

산에 안 가도 함께 해돋이를 자주 볼 수 있어서 좋다.

아빠 없는 결혼식

결혼식 날짜를 잡아 놓고도 함께 고민해야 할 것들이 많았다. 결혼 준비를 위해 해결해야 될 일들이 게임기 두더지처럼 예상하지 못한 데서 튀어나오곤 했다.

당장 양가 아버님이 다 결혼식에 못 오실 상황이었다. 남친 아버님은 병환 중이고, 우리 아빠는 연락이 안 된 지 몇 년이 되어 간다. 그냥 예식장 취소하고 가까운 사람들만 초대해 식을 올릴까도 했으나, 우리 키우느라 고생하신 양가 어머님들을 생각하면 또 예의가 아닐 것 같았다.

"아버지 자리에다 다른 어른을 부탁해 앉힐까?"

양가 어머님이 우리의 의견을 물어보셨다. 의논 끝에,

"아니요, 비면 그냥 빈 대로 할게요."

다음은 하객 문제. 남편은 이곳 사람이라 하객 걱정을 안 하지만, 나는 외국인이라 한국에서 올리는 결혼식에 친구들이 올 수 없다.

나는 외동으로 자라서 친구를 좋아하고 그리워하지만, 넓게 사귀기보다 깊게 사귀는 편이다. 오래 마음을 주고받은 친구들은 거의 학교 때 친구이거나 최소 십 년이 넘은 친구들이다. 그런데 내가 한국에 오고 나서는 중국에 있는 친한 친구들 결혼할 때 이런저런 이유로 참석하지 못했다. 내 코가 석 자라고, 내가 즐겁고 기쁜 마음으로 축복할 수 없으면서 결혼식에 참석하는 건 무리라고 생각해 성의만 보냈다. 신부의 입장을 생각할 겨를이 없었던 거다. 어리석은 생각이었다.

한번은 친한 친구 결혼식이 끝나 갈 무렵, 직접 참석하지 못해서 미안하다고 국제전화를 걸었더니 친구가 엉엉 울어 몹시 당황했었다. 닥쳐 보니 그게 딱 지금의 나랑 비슷한 상황이었다. 결혼식에 친한 친구가 참석하지 않는 게 얼마나 서운한 일인지, 내가 자리에 있어 주는 것만으로도 얼마나 축복이 되는지, 성의만도 물론 고맙지만 직접 와 줄 때 자리가 얼마나 말 그대로 빛나는지, 내가 타국에서 결혼식을 올리게 되고 보니 이제야 알 것 같았다. 가족과 친한 친구의 축복 속에 예식장에 입장한다는 게 얼마나 복 받은 일인지 알고 나니 하객 많은 신랑이 처음으로 부러웠다.

"어제 꿈을 꿨는데 네가 결혼하더라. 좋은 소식 있나?"

"응, 나 2주 뒤에 결혼해."

"그걸 왜 이제야 말해!"

"말 안 하려고 하다가, 나중에 섭섭해 할까 봐 이야

기하는 거다.”

오래 연락을 안 하다가, 오랜만에 중국에서 친구가 연락했길래 지나가는 말처럼 결혼 소식을 전했다.

어쨌든 친구들은 참석 못 할 거라 지레 짐작해서 그 때까지 결혼 소식도 알리지 않고 있었다. 그나마 알리지도 않으면 많이 서운해 할 것 같아서 결혼식 임박해서 귀띔이나 해 줄 생각이었다.

그런데 뜻밖에 친구들은 하나같이 왜 이제야 연락하냐며 나를 나무랐다. 그러면서 급하게 비자 받고 비행기 티켓 예매해서 내 결혼식에 다들 와 주었다. 한 명이 결혼식 날까지 비자가 나오지 않아 참석을 못 하게 되었다며 무척 꾸지람을 해 댔다. 내가 친구들을 믿지 못했으니 욕을 먹어도 할 말이 없었다.

드디어 결혼식 날. 신부 입장 차례에, 그 많은 하객들 중에서도 내 친구들만 눈에 확 들어왔다. 예쁜 것도 한 몫했지만, 그 많은 하객들 중에서 유독 내 친구들만 엉엉 통곡을 하다시피 울었기 때문이다. 긴장했던 내가

어이가 없어서 피식 웃음이 날 정도였다.

"좋은 날 웃어도 모자랄 판에 울긴 왜들 그렇게 울었어?"

결혼식 끝나고 물어 보았더니 이구동성으로,

"아버지가 옆에서 함께 걸어 줘야 되는데, 혼자서 걸어 나오는 걸 보니 안쓰러워서 눈물이 절로 나오더라."

가슴이 뭉클하면서 코끝이 찡해 왔다. 그렇게 말하는 친구들이지만, 결혼식 날 아버지 관련해 마음 아픈 이야기를 자기들도 하나씩 가지고 있었기 때문이다. 일찍 저세상으로 가셔서, 딸이 아주 어릴 때 이혼해 연락이 끊겨서 참석을 못 하신 아버지가 있는가 하면, 식물인간에서 겨우 깨어나서 반신마비로 딸 결혼식에 온 아버지도 있었다. 저마다 비슷한 아픔을 가진 친구들이 나를 위로해 주니 마음이 더 미어져 왔다. 내 결혼식에 아버지가 오지 못하는 게 서운해서 남몰래 혼자서만 마음속 깊이 숨겨 놓고 있었는데, 친구들이 그 마음을 대신 표현해 주고 아픔을 나누어 주다니, 고마웠다. 그런데 이상하게, 고맙다는 말보다 "내가 너희들 결혼식에 참석을 못 해서 정말 미안하다"는 말이 먼저 튀어나왔다.

진심이었다. 내게 비슷한 상황이 닥치기 전까지 그들의 아픔에 공감하지 못한 게 미안했다. 그때까지 난 친구들에게 미안하다는 표현을 직접 한 적이 거의 없었다. 미안하다는 말보다, 그냥 더 잘해 주는 것으로 미안한 마음을 대신했다. 그런 나를 친구들은 다 이해해 주었다. 그런데 이번에는 지금 아니면 그 마음을 전달 못 할 수도 있겠다는 생각이 몰려왔다.

한국에서는 예식을 올리면 곧바로 신혼여행을 떠나던데, 나는 남편의 배려로 하루를 친구들과 함께 뒤풀이 하며 보낼 수 있었다. 오랜만에 친구들이랑 못 다 한 이야기를 하며 좋은 시간을 함께 보낼 수 있었다.

"'신부 입장!' 하는데, 하객들 속에서 너희만 제일 눈에 뜨이더라."

"우리가 한 미모 하잖니!"

결혼식을 올리고 바로 신혼여행 떠나는 한국과 달리, 조선족은 친구·지인들과 뒤풀이를 한다. 연애 시절 나를 따라 조선족 결혼식을 다녀 본 남편이 우리 결혼식 시간을 저녁으로 잡아 줘, 중국에서 온 친구들과 뒤풀이를 하고 다음날 신혼여행을 떠났다.

"아니, 너희들만 대성통곡을 해서."

친구들은 결혼식장에서 있었던 에피소드도 들려주었다.

신부 측 좌석은 거의 조선족 말을 하는 사람들이었다. 아줌마들끼리 모여 있기에 내 친구가 먼저 말을 건넸다.

"조선족 말을 하시는 걸 보니 중국에서 오셨어요? 우리는 신부랑 20년을 알고 지낸 친구예요."

"우린 신부 엄마랑 40년을 알고 지낸 마을 친구요."

가소롭게 20년 우정을 뽐내려다, 엄마의 40년 우정 앞에서 코가 납작해진 거다.

나중에 통화해 보니 엄마도 딸 결혼식 뒤풀이 하느라 바쁜 시간을 보내고 계셨다. 고향 동네에서 엄마처럼 한국 각지에 와서 돈을 벌고 있는 엄마 친구들이 소식을 듣고 우리 결혼식에 참석해 주셨다. 오랜만에 마을 친구들 만나서 좋은 시간 보내고 있다는 게 수화기 너머 엄마의 목소리에서 느껴졌다.

"한국에 오셨으면 한국말 배워야지, 사투리만 하시면 어떡해요?"

내가 늘상 잔소리를 하면 엄마는

"수십 년을 굳어 버린 혓바닥이 한국에 와서 일이 년 사이에 펴질까? 그냥 생긴 대로 살다가 고쳐지면 고치고, 안 고쳐지면 이대로 살겠다."

그런 엄마가 고지식하다고만 생각했는데, 결혼식 날에 마을 이모들이 와서 친근하게 고향 말로 이야기하며 엄마랑 함께해 주셔서 얼마나 반가운지. 나의 어릴 때 모습을 다 기억해 주고 엄마를 외롭지 않게 해 주시는 고마운 분들이다.

명절날에도 모이기 힘들었던, 한국에 와 계시는 친척 분들도 가시기 전에 내 손을 꼭 붙잡고 한말씀 하셨다.

"꼭 행복하게 잘살아야 된다."

우리 가정의 상황을 잘 알고 하는 말씀이기에, 짧은 말이지만 그 깊이를 가늠할 수 있었다.

외로울 것만 같았던 결혼식이, 나의 상상을 뛰어넘는 축복 속에 마무리되었다.

항상 혼자라고 생각했던 내가, 그것도 타국에서, 친구들과 고향 사람들의 축복 속에서 결혼식을 올리리라 상상이나 할 수 있었을까? 아빠의 빈자리가 크게 느껴져서 결혼식조차 고민했던 나한테, 존재 자체만으로도 고마운 분들이 더없이 큰 선물을 해 주신 덕분에 나는 행복한 신부가 될 수 있었다.

마누라가 무섭다는 영감

결혼하고 나서 서로 호칭을 어떻게 해야 할지 고민을 많이 했다. 결혼 전부터 반장난 삼아 서로 '여보'라 불렀지만, 그래도 신혼에 어울릴 만한 호칭이 있었으면 좋겠다고 이야기를 나누곤 했다.

그러던 어느 날 남편이 보물이라도 찾아낸 듯, 까만 얼굴에 유독 하얀 이빨이 다 보이도록 웃으면서 말했다.

"여보한테 딱 어울리는 애칭이 있어. '마누라'."

"늙은이 같지 않아? 난 별로야."

"라디오에서 들었는데, 옛날에는 남편이 아내를 '마누라'라고 높여 부르고 아내는 남편을 '영감'이라고 불렀대."

입과 귀에 착 감기는 '애칭'은 아니지만, 서로 존중해서 부르는 호칭이라니 마음에 드는 것 같기도 했다.

'신상'에 약한 우리 부부는 그리하여 새파란 나이에 본격적으로 '영감과 마누라'의 나날을 보내게 되었다.

"우리 연애할 때, 마누라 만났던 주변 사람들이 하나같이 마누라가 강해 보인댔어. 나도 가끔은 마누라가 무서워."

연애할 때 나를 보면서는 머리카락 한 올 한 올에도 미소 짓던 영감이었다. 결혼하고 나서도 스스럼없이 애정을 고백하는 영감이 내가 무섭다니, 충격적이어서 머리가 일순 텅 비었다.

"내가 영감한테 얼마나 애교도 많이 부리고 부드럽

게 대하는데!"

당황 섞인 볼멘소리를 했더니,

"언제?"

금시초문이라는 듯 어깨를 으쓱하는 영감을 보고 그만 뚜껑이 열릴 뻔했다. 황소만 한 저 덩치만 아니었다면 꿀밤이라도 한 대 날렸을 것이다.

사실 영감이 틀린 말을 한 것도 아니다. 나도 잘 알고 있다. 내가 집안에서 최대한 애교를 많이 부리려고 노력하는 건 사실이다. 그런데 절로 철철 넘쳐 흘러나오는 애교가 아니라 '노력 버전'이다. 마누라로서 간신히 '직무 유기'가 되지 않을 정도로만 부드러워 보이려고 애쓰는 것이다. 반면, 밖에 나가면 무조건 카리스마 있어 보이려고 한다. 중국에서 내가 자라 온 환경이 대체로 그랬기 때문이다.

중국에서는 어릴 적부터 '여자도 절반 하늘을 받들 수 있다(婦女能頂半邊天)'라는 구호를 들으면서 자랐다.

1945년 제2차 세계 대전이 끝나고 중국에서는 국민당과 공산당 간의 내전이 1949년 9월까지 이어졌다. 1949년 10월 1일 중화인민공화국을 건립하고 1950년대 초에 '자력갱생'을 외치면서 모택동(마오쩌둥) 주석이 농업 생산량을 늘리기 위해 내세운 구호 중 하나가 바로 '여자도 절반 하늘을 받들 수 있다'였다.

그 시절 남존여비라면 중국이 한국보다 더 심하면 심했지 못하지 않았다. 여자가 발이 크면 달아난다고 어릴 때부터 발이 더 못 크도록 꽁꽁 싸매는 '전족'이라는 풍습이 존재했을 정도다. 여자들이 밭에 나가 남자들과 맞먹는 일을 해도 실적을 3분의 1 정도만 인정해 줬다. 그렇잖아도 대다수 여자들은 가정을 돌보고 남자들이 주로 밖에 나가서 일할 때였는데 여성 노동력마저 제대로 인정해 주지 않으니 여성들의 노동 의지가 약해질 수밖에 없었다.

하지만 중국은 내전으로 인한 국제 빚을 물어야 하는 시기였고, 생산량을 늘리려면 여자들의 힘이 필요했다. '자력갱생' 구호 아래 여성 노동자들의 실적을 남자들과 똑같이 인정해 주니 생산량이 3배나 늘었다. 우리 부모님 세대가 바로 신중국의 그런 모습을 보고 자랐기 때문에 엄마도 밖에 나가서 남자들과 똑같이 일했다. 그런 부모들의 모습을 보고 자란 우리 세대 여자들은 취업해서 가정 부담을 남자들과 나누고 사회에서 남자들과 동등하게 인정받으려고 했다.

1980년대부터는 중국은 강력한 산아 제한 정책을 펴면서 남녀평등을 다시 강조했다. 아이 하나만 낳는 정책 덕분에 여자도 남자와 비슷한 사회적 지위를 인정받는 것이 일상화되었다. 그러니 집에서나 밖에서나 여자들의 목소리가 커질 수밖에.

한번은 한국에서 중국에 주재원으로 온 지인이, "이웃이 부부싸움을 하면 여자 목소리만 들린다"고 우스갯소리로 이야기한 적도 있다. 여자들의 언성이 높은 걸 당연하게 받아들이는 중국과 달리, '암탉이 울면 집안이 망한다'라는 속담이 있는 한국 분들한테는 생소하게 느껴졌을 것이다. 퇴근하는 남자들의 자전거 앞바구니에 반찬거리가 수북하게 담긴 모습도 중국에선 평범한 일상 풍경이지만, 한국에서 온 분들은 희한한 광경이라도 보는 듯 두 눈을 반짝거리기도 한다.

산아 제한을 먼저 시작한 중국은 한 가정 한 자녀가 일상이 됨에 따라 남자가 육아에 돌입한 현상이 한국보다 빨리 일어났다. 중국 남자들은 여자들이 사회에 진출하는 걸 적극 지지하고, 육아나 집안일도 적극 도맡아 한다.

하지만 풍습은 쉽게 바뀌지 않아서, 같은 중국이라도 조선족 사회에서는 남녀가 밖에서 똑같은 일을 하면서도 집안일은 대체로 여자가 더 많이 했다. 이렇게 조선족들과 다른 중국 사회를 보면서 자라고 일해 왔기 때문에, 조선족과 달리 집안일도 여자들보다 남자가 더 많이 하는 중국 사람들의 삶이 부러웠다. 누구 엄마, 누구 아내이기 전에 '내'가 누구인지를 보여 주는 카리스마 넘치는 중국 여자들이 멋져 보였다. 엄마도 늘 나

한테

“중국 사람이랑 결혼하면 잘해 줄 거야, 일도 덜 시키고.”

라고 입버릇처럼 말씀하시곤 했다. 그러면 아빠는

“그래도 결혼은 같은 민족끼리 해야지.”

라며 확연히 다른 생각을 보이시기도 했다.

중국에서 회사를 운영하는 친구가 있는데, 직원을 뽑을 때 우선순위가 결혼한 여자다. 책임감이 있어서 일 처리가 빠른 것도 있지만, 이직률이 높은 중국에서는 결혼한 아기 엄마의 이직률이 낮다고 한다. 그런데 한국에서는 ‘경단녀’들이 집에서 아이를 돌보면서, 다시 나가서 돈 벌지 못하게 되면 어떡하나 마음을 졸인다.

벅차고 무거운 짐을 스스로 견뎌 내야 하는 현실. 여자들이 육아하면서 일하기란 쉽지 않다. 집에서 아이 키울 때는 부드럽게, 직장에서는 규칙·규정을 내세우며 단도직입적으로, 게다가 집안일 걱정 없이 목표 의식 하나로 앞만 보고 달리는 남자들과 경쟁하려면 카리

2017년 9월, 남친을 소개해 준 상사 내외분이랑 함께 간 단양에서, 남자들은 빼고 여자 두 명만 패러글라이딩에 도전했다.

스마도 필요하다.

이런 차이 때문에 한국에서 생활하며 어느 정도 문화적 충돌은 있을 거라 예상은 하고 있었지만, 막상 영감이 나를 "무섭다"고 하니 마음에 얼음덩이가 얹힌 기분이다.

요즘은 한국도 정책적으로 남자들의 육아 휴직을 적극적으로 권장한다고 하지만, 그래도 아직은 많이들 육아와 살림은 여자가 주로 하고 남자는 도와주는 정도로 알고 있다. 이렇게 생각이 다른 중국 마누라와 한국 영감이 만났으니 서로 인내심이 필요하지 않을까 하는 생각을 다잡았다.

이혼할 이유 하나,
좋은 추억 만 개

친한 친구 이야기부터 시작하자.

친구는 캐나다 남자랑 상해에서 결혼식을 올리고 등기는 고향인 연변에 가서 해야 했다.

중국에서 결혼 등기는 무조건 호구부(등기부) 있는 지역에 직접 가서 절차를 밟아야 한다. 상해에서 연변까지 비행기로는 세 시간 거리지만, 기차를 타고 가면 서른여섯 시간, 하루 반이 걸린다. 신혼 초기라 낭만이 팔팔 끓을 때여서 둘은 기차를 타고 서른여섯 시간을 낭만 여행하는 셈 치기로 했다.

연변에 도착하자마자 등기에 필요한 서류가 몇 가지 부족하다는 걸 알았다. 미리 알아보고 챙겨 갔는데도 국제결혼이다 보니 펑크가 난 것이다. 올 때라고 서른 여섯 시간이 반으로 줄어들 리 없다. 다시 돌아와서 같은 거리를 또 되돌아가서 결혼 등기를 성공적으로 마치고 또 그만큼 걸려 상해로 돌아왔다. 그래도 아직은 깨가 쏟아질 때였다.

“지구의 반을 돌아서 서로 만났는데 그까짓 144시간이 대수냐?”

문제는, 갈등이 생겨서 이혼하려고 마음먹었을 때다. 이혼하려면 연변까지 왕복 72시간, 지난번처럼 빠진 서류라도 있으면 144시간, 그렇게 이혼하러 오가는 길에 다시 정이 들어 버릴까 봐 차일피일 미루고 아직 잘 살고 있다나.

나도 결혼이 겁나는 것보다, 결혼하고 나서 어떻게

하면 잘사는 가족을 이루어 나갈지 몰라서 겁을 내고 있었다. 부부싸움을 싫어하면서도 안 싸울 수 없다는 걸 알기에 더 겁이 났다.

한마을에서 함께 자란 세 살 위 친척 오빠도 한국에 왔다. 나와 달리 귀화를 하고 같은 조선족 언니 만나 결혼하고 애 둘 낳고 행복하게 잘사는 모습이 부럽지만, 나는 그런 가족을 일구고 살 능력 세포가 없다고 생각했다. 그래도 마음 깊숙한 곳에서는 가정을 일구고 행복하게 살고 싶어서 오빠를 찾아가서 내 마음을 실토했다.

"오빠, 나는 결혼이 두려운 게 아니라 결혼해서 행복하게 살 수 없을까 봐 두려워. 부모님만 봐도 그렇게 싸우더니 결론은 이렇게 안 좋은 모습으로 연락이 안 되잖아."

오빠는 잠깐 생각에 잠기더니 입을 열었다.

"너도 알겠지만, 오빠 부모도 너의 부모보다 더 싸우면 싸웠지 덜 싸우진 않았을 거다. 그래도 부모님이 싸울 때마다 '나는 커서 결혼을 하면 저렇게 싸우지 않고 깨를 볶으면서 잘살겠다'고 다짐했어. 나도 아내랑 안 싸우는 건 아니지만 싸움이 커지기 전에 화가 더 나기 전에 잠깐 어딜 나갔다 들어와. 그리고 우리 부모님 싸웠던 생각을 하면서 아이들이 상처 받을까 봐 말을 아끼는 거야."

우리 집이랑 비슷한 환경에서 다른 결과를 보여 주는 오빠의 말이 큰 힘이 되었다. 그렇게 나도 결혼을 해서 두 배로 노력하면 두 배로 행복할 줄 알았다.

신혼 한 달. 짐을 정리하다가, 남편이 전 여자친구의 연애편지를 고이 모시고 있는 걸 우연히 발견했다. 머리가 복잡했다. 그동안 나한테 툭툭 던지던 못된 말들, 내 딴엔 힘들게 꺼낸 말들을 그다지 새겨듣지 않던 모습들이 주마등처럼 머리를 스쳐 지나갔다.

'마음 한구석에 누군가의 공간이 자리 잡고 있구나! 나한테 못되게 대한 것도 다 이유가 있었구나!'

그동안 존중해 준다고 마음속에 참기만 하고 당당하게 말하지 않았던 서러움이 한꺼번에 봇물이 터졌다.

'나는 한국 오면서 웬만한 물건은 다 버리고 왔는데…. 이럴 줄 알았다면 나도 추억거리 한두 개 정도는 간직할걸….'

국제 택배 비용이 만만치 않아서 웬만한 물건들은 다 정리하고 온 걸 후회했다. 나보다 추억이 될 만한 게 너무 많은 남편이 부럽기도 하고 화도 났다. 나도 기억될 만한 소중한 물건 하나라도 가지고 있으면 덜 화가 났을까? 되지도 않는 생각들이 온종일 머리에서 떠나질 않았다.

자초지종을 들은 남편은 내가 보는 앞에서 그 편지들을 찢어 버렸다. 그래도 한번 몰려온 외로움은 채워지지 않았다. 그동안 친구들도 옆에 없고, 내가 가고 싶은 곳을 갈 수 없고, 마음만 먹으면 먹을 수 있었던 중국 음식을 먹을 수 없었던 서러움까지 한꺼번에 몰려왔다. 남편이 평소에 무심한 듯 던지는 "그것도 몰라?" "이건 엄청 쉬운데" 같은 말들이 외국인인 나로서는 자격지심으로 남아 있던 터였다. 남편은 덩치답지 않게 어쩔 줄 몰라 했다.

'내가 앞으로 여기서 모든 걸 다 감수하고 이 남자 하나만 바라보고 살 수 있을까?'

작다면 작은 일이지만, 결혼 한 달 만에 처음으로 이혼을 생각해 봤다. 이렇게 나를 못 받아 주는 사람과 한평생 살려고 하니 앞길이 막막하다는 생각밖에 없었다. 평소에 상처 주는 말들이 진심으로 내가 싫어서 했던 말이라는 피해망상에 도저히 평생을 함께 살 용기가 없었다.

며칠 동안 남편의 말에 중국어로만 대답하면서 시위를 했다.

"중국 여자랑 살면 중국어 대화는 돼야지 않아?"

그래도 근본적인 문제는 해결되지 않았다.

이럴 때 친구라도 옆에 있었더라면 하소연이라도 할 텐데, 타국에 와서 일만 하다 결혼한 케이스라 직장 동료들 빼고 속 시원하게 털어놓을 상대도 없었다. 그렇다고 양가 부모님께 말하지도 못하고, 무작정 차를 몰고 나가 여기저기 방황하는데 마땅히 갈 데도 없었다. 갈 데가 없다는 게 어떤 감정인지 결혼 한 달 만에 절실하게 깨닫게 될 줄은 꿈에도 생각 못 했다.

눈치 백 단 사촌 언니한테 전화를 했다.

"너 혹시, 바보처럼 집 나온 거 아니야? 당장 들어가! 이혼 도장 찍기 전까지는 남편을 내보내는 거지 니가 나오는 거 아니야!"

혼쭐만 나고, 한 시간 만에 다시 집에 들어갔다. 남편은 나 먹으라고 참외를 깎아 놓고 안방에 들어가서 잠자코 있었다. 화가 안 풀려 먹기도 싫었다.

숨 막히는 일주일이 지나고, 나는 일단 별거를 하면서 이혼을 천천히 진행해 보는 쪽으로 마음을 먹었다. 집을 알아보고 주말에 이사하겠다고 남편한테 말을 꺼냈다.

사람은 극한 상황에 부딪히면 무의식중에 늘 하던 패

턴으로 사고하고 행동하게 된다던데, 어렵사리 결혼을 결심한 만큼 쉽게 이혼하지 않을 거라고 믿은 내가 "우리 이혼하자!" 하고 말할 줄이야!

모 아니면 도, 나의 미숙한 생각은 늘 그랬다. 내가 답답하고 슬프면 상대방의 아픔이 안 들어온다. 내가 이혼을 혼자 결심하기까지 상대방은 나에 대해 어떤 생각을 하고 있었을지, 이런 상황에서 그의 감정은 어떤지, 단 한 번도 생각할 겨를이 없었다. 아니, 오히려 내가 얼마만큼 힘든지 당신은 모를 거라 단정 지어 버렸다.

이혼 통보를 받은 남편은 당황했다. "한 번 더 생각해 보자"면서

"나는 중학교 고등학교를 남중 남고 나왔잖아. 대학도 경찰학교 다니다가 5년 군대생활을 해서, 감정 표현이 서툴러서 미안해."

사과를 하고, 그래도 말이 없는 나를 한참 보더니

"안 믿을 줄 알지만, 나름 과거사를 정리한다고 했는

데 편지가 있을 줄은 몰랐어.”

평소 술을 마셔도 속내를 쉽게 드러내지 않던 남편이다. 그동안 나는 내가 외국인이라 남편이 혹시 오해하는 부분이 있을까 봐 살아온 이야기들을 주저리주저리 이야기해 왔는데, 남편은 듣기만 하고 자기 이야기는 통 안 하니 나에 대해 알려주고 싶은 게 없다는 벽이 생길 수밖에 없었다.

마음속을 잘 안 까 보이던 사람이 내가 몰랐던 사실들을 어렵게 하나씩 하나씩 이야기하는 데 마음이 조금씩 풀렸다. 과거사를 조금이나마 듣고 나니 이해가 되기도 했다. 그래도 그동안 마음을 졸이고 속을 태웠던 생각을 하니 화가 쉽게 풀리지 않았다.

그러나 남편이 마지막에 던진 말 한마디에 나는 무장을 해제해 버릴 수밖에 없었다.

“그동안 즐겁고 재미있었던 일은 하나도 생각이 안 나지? 지금 이 사건 때문에 우리가 그동안 쌓아 왔던 재밌는 추억들은 다 사라졌어?”

2018년 5월, 신혼여행 간 팔라우에서 다이빙 강습받고 자격증 딴 그날로 신랑과 블루홀 물속으로.

연애 초기, 매사 그렇게 정반대이면서도 인생관만은 둘이서 잘 맞는다며 여기저기 신나게 놀러 다닐 때다. 어느 날 남친이 목소리를 깔고 물었다.

"지금은 이렇게 좋은데, 나중에 분명 싸울 일도 있을 텐데 그땐 어떡하지?"

나는 대수롭지 않게

"누구나 다 싸우긴 하지만, 돈을 모아 두는 것보다 좋은 추억을 모아 두면 나중에 도움이 되지 않겠어?"

신혼여행도 예물 비용 아껴서 다이빙 자격증 따러 팔라우를 선택했다. 누구나 다 하는 반지 대신 아무나 할 수 없는 도전을 해 보는 것이 우리한테 더 잘 어울린다고 약속했기 때문이다. 그 후로 우린 여행을 자주 하면서 둘만의 추억을 쌓아 가는 일에 시간을 아끼지 않았다. 그런데 지금 이 상황에 부딪혀 보니 내가 나의 말을 번복한 꼴이 된 것이다. 그 말을 지금 이렇게 써먹어서 상황을 단번에 역전시키다니, 역시 고단수였다.

'그래, 시간을 가져 보자. 처음 해 본 결혼인데 한 달

만에 끝내긴 허무하긴 하지. 일단 누구의 잘잘못 따지는 것보다 서로 노력이나 해보자!'

마음을 다잡고 나니, 시간이 지나며 나의 문제가 비로소 조금씩 보이기 시작했다. 남편이 잘못해서 화나 있는 것이 아니라, 나의 결핍을 남편한테서 보상받으려고 하는 나를 발견했다. 남편이 친구도 돼 주고 오빠도 돼 주고 든든한 아빠 역할도 마다 않고, 나한테 상처 주는 말 하지 않기만 바라고 있던 내가 어리석었다는 것을 알아 버리니 오히려 더 힘들었다.

이런 얘기를 털어놓을 친구도 없고, 둘이서 같은 직장을 다닐 때라 직장 동료들한테도 털어놓을 수 없는 상황에서 내가 유일하게 할 수 있는 일은 전문가를 찾아가서 상담을 받는 거였다. 친구 만나 하소연하는 셈 치고 상담소 문을 두드렸다.

처음 상담소에 갈 때만 해도 나의 고민은 오로지 이혼 문제였다. 그런데 상담을 받다 보니, 나 자신의 문제가 감당하기 힘들 만큼 산더미처럼 많았다. 우선 공격적인 말투부터 그랬다. 그게 냉정하고 똑똑한 거라고만 생각했는데 사실은 스스로에 대한 불신이었고, 나 자신한테 화가 많이 나 있는 것이었다. 힘들었던 시간을 함께해 준 이 남자가 아빠처럼 나를 버리면 또다시 중국으로 돌아가야 하나 하는 불안감을 안고 있는 나 자신을 발견했다. 남편을 못 믿은 것이 아니라 나 자신을 못 믿고 있었다. 나도 모르는 나의 두려운 감정을 남편이 알아주고 믿고 잘해 주길 바라다가 내 뜻대로 되지 않으니 고통스러웠고, 그 고통에서 벗어나려고 선택한 것이 이혼이었으니, 악순환이다.

남편이 나하고 대화를 안 하려고 하는 것도 따지고 보면 공격적인 내 말투 때문이었다. 방어 차원에서 입을 닫은 것이다. 상담을 통해 나를 들여다보고 이해하고 다시 남편과 대화를 해보니 신기하게 전과 달리 대화가 술술 잘 풀렸고, 이제는 남편과 친구처럼 쉽게 대화가 잘 이어진다.

남편이 아니라 나를 변화시켜서 마음의 평온을 찾기까지는 쉬운 여정이 아니었다.

나는 처음 이혼을 떠올릴 때까지는 혼자서 끙끙거리면서 노력을 했지만, 두려움 때문에 참는 게 고작이었고 둘이 함께 해결할 생각은 하지 않았다. 문제를 혼자서만 마음속에 간직하다 어떤 계기를 만나 이혼이라는 말이 입밖으로 튀어나오고 나서야 나 혼자서 해결할 일이 아니라는 것을 깨달았다. 손쉽게 뱉어 버린 '이혼'은 각자의 시선으로 보던 둘의 문제를 본격적으로 손을 맞잡고 같은 방향으로 보는 계기가 돼 주었다.

둘의 문제는 혼자 노력으로 해결할 수 없다. 처음부터 해결 방향이 틀린 것이다. 결혼이란 함께 행복해지는 것만이 아니라, 부족한 사람들끼리 손잡고 함께 둘의 문제를 해결하는 과정이 아닐까?

종교, 무종교, 엄마교

"아가야, 나랑 교회 한번 가 보지 않을래?"

털털하신 시어머니이 결혼하고 나서 처음으로 나한테 많이 망설이면서 말씀을 하셨다. 그것도 불교 신자인 나한테.

남편하고도 함께 가 보지 못했던 교회를 어머님이랑 가려고 하니 살짝 망설여지기도 했다. 이런 내 마음을 알아차렸는지 남편이 "그런 거 하지 마"라고 대신 거절해 주었다. 진심 고마웠다.

“아가야, 아들이 교회 안 간 지 한참 되는데 네가 가야 왠지 재도 따라갈 것 같아서 이야기해 봤어.”

어머님이 다시 한 번 강조하신다.

“어머님이 못 데려가시는 걸 제가 데려갈 능력이 못 돼요.”

수십 년을 키워 오신 어머님이 못 하시는 걸 내가 하려고 앞장서고 싶지 않았다.

“갑자기 교회 안 나가기 시작한 계기가 있어?”

나도 남편의 속마음이 궁금해서 물어보았다.

“나는 엄마 뱃속에서부터 세례를 받은 건데 지금은 가고 안 가고가 내 자유야.”

유교 사회에서 어머님은 어떻게 기독교 신앙을 가지셨는지 궁금해서 남편한테 물어본 적이 있다.

어머님은 맏딸로 태어나서 하고 싶은 공부를 제대로 하지 못하고 동생들을 챙겨야 했다. 그래서 교회에 다니면서 글공부를 시작하셨고, 아들들은 당신의 의지로 교회를 다니게 하면서 좋은 말씀을 접하도록 인도하셨다. 그리고 당신이 제대로 하지 못한 공부를 자식들한테 대물림하기 싫어서 자식들 공부하는 데 투자만은 소홀히 하지 않으셨단다. 남편은 지금처럼 학원이 많지 않았던 당시에도 과외만큼은 남부럽지 않게 했단다. 농사일에 소가 으뜸인데도 소 팔아서 자식들 공부시킨다는 말은 우리 민족 아니면 없을 듯싶다.

그런 어머님 밑에서 성장한 남편은 현재는 교회 모임에 안 나가지만 일상생활에서 늘 감사한 마음을 낸다.

"오늘은 비오는 날인데 이렇게 마누라랑 같이 밥 먹을 수 있어서 고맙네."

"마누라랑 같이 있으면 술을 적게 마셔서 감사하네."

심지어 남편이 말로 화를 돋울 때 홧김에 손에 잡히는 리모컨을 던져 줘도

"리모컨을 던져 줘서 고마워."

항상 고마운 마음을 낼 수 있는 건 그런 환경을 만들어 주신 어머님의 몫이 크다.

한번은 시어머님한테 물어본 적이 있다.

"하느님한테 어떤 걸 기도하시나요?"

"자식들 건강하게 모든 일 다 잘되라고 기도하지."

나는 불교 신자다. 항주에서 관광안내자를 할 때, 역사를 전달해야 되기 때문에 불교를 접하게 되었다. 불교는 내가 알고 있던 공산당에 대한 믿음이나 학교에서 배워 온 과학과는 또 다른 매력이 있었다.

불교 수련장을 본격적으로 다니기 시작한 건 아빠의 실종 소식과 함께였다. 혼자서 타향살이를 하면서, 부모님한테 하나밖에 없는 딸이니 잘돼야지 늘 생각하지만 현실은 생각 같지 않았다. 와중에 아빠까지 연락이 안 되자, 버림 받았다는 마음에 극심한 고통을 겪기 시작했다. 나를 낳아 주고 키워 주신 아빠지만 미웠다. 그럼에도 친구들이 나와 함께 아빠를 미워하면 그건 싫었다. 그래서 더 혼란스러웠다. 누구한테 마음을 털어놓기도 싫었고, 어디서부터 잘못되었는지, 어떻게 해야 될지 마음이 복잡해서 식욕도 떨어지고 일에 대한 의욕도 떨어졌다.

모든 것이 엉망이라고 생각하던 시기에 회사 동료가 신앙을 가져 보라고 권유했다. 그래서 지푸라기 잡는 심정으로, 신앙이라도 잡아 보자고 불교 수련장으로 향했다. 그렇게 마음이 힘들 때 나는 불교 신자가 되었다.

불교에서 늘 "내려놓으라"고 하는 게 나는 도저히 내 맘 같지 않았다. 머리에서 마구마구 솟아나는 것을, 눈에 보이지 않는 것을 어떻게 내려놓는단 말인가? 하지만 한번 생각을 달리하니 주변이 다시 보이기 시작했다. 아빠는 당신의 선택을 한 것이니 나는 인간 대 인간으로서 그 선택을 존중해 주기로 했다. 이제 나와 엄마는 현재에 만족하면서 미움으로 시간을 채우는 대신 잘 살아가기만 하면 된다고. 그래서 친정 엄마한테도 정중하게 물어본 적이 있다.

"심심하면 나랑 절이나 가 볼래요?"

"한국에 돈 벌려고 왔는데 심심할 시간이 어디 있냐?

심심하면 집에서 잠이나 자는 게 최고지."

"그래도 신앙이 있으면 마음의 힘이 생겨."

내가 가정을 이루고 엄마 곁에 없으면 엄마 혼자 적적할까 봐 끈질기게 밀어붙였지만,

"힘이 장사라도 눈까풀하고 뱃가죽은 못 이긴다. 힘들면 자고 배고프면 먹으면 되지."

엄마다운 대답이다. 애완동물 키워 보라고 반나절이나 설득을 해도 "그 돈이면 손주 손녀 옷 한 벌이라도 더 사 주겠다"며 단칼에 잘라 버리는 엄마다. 동물은 나중에 마당 있는 집 생기면 키우신다나.

엄마는 공산당만 진리이던 시대에 자라서 신앙을 가지는 것에 익숙하지 않다. 지금은 중국에도 종교의 자유가 있지만, 엄마가 한창 학교 다니던 1966년부터 1976년 문화대혁명 시기에는 기존의 유교 문화나 종교가 타도 대상이었다. 문화대혁명이 끝나고 종교 자유가 회복된 후에도 공산당에 입당하면 종교를 믿으면 안 된

다는 질서가 있다. 지금 중국에서 모든 종교의 신자를 다 합쳐 1억 명이 좀 넘는다는데, 공산당원은 9천만 명이니 어떤 단일 종교 신자보다 많다.

한국에 와 보니 교회가 고향 연변보다 훨씬 많았다. 종교가 없는 엄마한테도 주말에 종교 모임에 나와 보라는 권유가 종종 들어온다고 한다. 한평생 무종교로 지내 온 엄마한테는 받아들이기 쉽지 않은 일이다.

엄마는 문화대혁명 10년 동안 공부를 제대로 하지 못했다는 생각에 나한테 "공부를 소홀히 하면 안 된다"고 귀에 못이 박이도록 이야기하셨다. 아껴 둔 돈으로 명절에 장보러 가면서 절반을 떼어 책을 사 주곤 하셨다.

불교 신자인 내가 "하나님을 믿지 않고 어떻게 생활이 가능할까?" 하시는 시어머니와, "하느님한테 뭐가 그렇게 사죄할 게 많아서 주말마다 찾아가는지 모르겠다"는 친정 엄마 사이에 끼여 있다. 신앙으로는 한없이면 당신들이지만 자식들을 위하는 엄마의 마음은 다르지 않다.

나도 배가 불러 오면서 자식에서 엄마로 되어 가면서, 나의 사랑을 자식한테 어떻게 풀어 나갈지 궁금해졌다. 불교든 기독교든, 하다못해 "힘이 장사라도 눈까풀하고 뱃가죽은 못 이긴다"는 엄마교든, 내가 부모님의 사랑을 알아볼 줄 안다면 내 자식한테도 줄 수 있겠지?

아직은 떫은맛

한국 온 지 얼마 안 돼 천안으로 옮기게 됐다.

낯선 동네라 동서남북이 헷갈리고 목적지까지 어떤 버스를 타야 할지도 몰랐다. 없는 형편에 거금을 내고 택시를 타기로 한다. 뒷좌석에 앉아, 중국과 다른 상가 모습들이 지나치는 걸 보면서 넋을 잃고 있었다.

"끼—익!"

소리와 함께 무방비 상태로 앞좌석 등받이에 얼굴 도장을 찍어 버렸다. 앞차가 급정거하는 바람에 택시 기사가 급브레이크를 밟은 것이다. 심장이 마구 뛰고 식은땀이 나면서 하마터면 중국말이 튀어나올 뻔했는데 와중에도 '아참, 여긴 한국이지' 하면서 목구멍까지 올라왔던 중국말을 다시 삼켰다.

다시 출발하고 5분쯤 지났을까, 기사 아저씨가 정적을 깨뜨렸다.

"많이 놀랬슈?"

무슨 말인지 알아듣지 못하면서 최대한 외국인 티를 안 내려고 눈만 굴리다가 아까 그 상황이 떠올랐다.

"아까 급정차하셨던 거요?"

"어디 부딪힌 거 아녀?"

그제서야 소문으로만 듣던 충청도를 왔구나 실감했다. 생활 패턴이 빠른 상해에서 몇 년을 살다가 충청도의 느긋함을 피부로 느껴 보니 좋았다.

좋은 첫인상을 가지고 만난 천안에서 몇 년을 죽 머무르게 되었다.

몇 년 지나 결혼하고 나서, 천안에서 생활하기 불편

하진 않았냐는 지인의 물음에 이 에피소드로 대답을 대신했더니 그 사람은 대수롭지 않게

"자세하게는 몰라도, 아마 택시 기사 본인도 많이 놀랐을 거야. 자기가 안정이 되니까 그제야 손님이 생각난 거지."

"유레카!"

딱 남편 얘기다.

결혼을 약속하고 연애하던 시절 5월 어느 하루, 남친이랑 손 잡고 영인산 수목원에 올라갔다. 햇볕은 강하지 않고 바람은 차지 않아서 산책하기 딱 좋은 날씨였다. 새소리를 들으면서 숲을 지나고 길옆의 꽃구경을 하면서 정상에 도착했다.

시원한 바람을 맞으면서 흘린 땀을 식혔다. 정상의 경치는 늘 아름답다. 여느 때와 같이 기념사진 남기고 챙겨 간 과일도 꺼내 먹었다. 모든 것이 다 좋았다.

아쉬움을 남기고 하산하기 시작했다. 경사가 심하지

않은 수목원 길은 하산하면서 여기저기 관심을 기울이기에 안성맞춤이다. 꽃을 좋아하는 나는 길옆 화단을 기웃거리며 처음 보는 꽃들을 감상했다. 그런데, 꽃이 피어 있는 풀숲에서 무언가가 꿈틀거렸다.

"뱀이야!"

나도 모르게 소리를 질러 버렸다.

뱀도 놀라서 도망을 가 버리고, 남친은 내 손을 뿌리치고 빛의 속도로 저 멀리 도망가 있었다. 순식간이었다. 나는 뱀 꼬리와 남친의 뒷모습을 번갈아 보면서 그 자리에서 허리가 끊어질 듯 웃었다. 항상 척척박사인 척하던 남친이 걸음아 나 살리라며 도망간 모습이 왠지 인간미가 있어 보였다.

한참을 웃고 나서 다시 손을 잡고 내려오는 내내 나의 놀림을 받으면서 말없이 걷기만 하던 남친이, 주차장 거의 다 와서야 한마디 한다.

"나는 뱀을 제일 무서워해. 여보는 뱀이 안 무서운가 봐?"

그때, 내가 힘들 때 항상 힘이 되어 준 글이 자연스레 머리를 스쳐 지나갔다.

> 풋과일이 그토록 찬란하게 빛나는 이유는 모든 것이 그 안에 담겨 있기 때문입니다.
> 풋과일이 아름다운 또 다른 이유는 익어 가기 때문입니다.
> 이 작은 것 안에 모든 것이 다 들어 있기 때문에, 그리고 익어 가기 때문에 그렇게도 찬란하게 빛이 나는 것입니다.
> 떫은맛을 내지 않으며 익어 가는 과일이 있을까요?
> 조금 서툴다고 스스로에게나 남에게 있지도 않은 잘못을 뒤집어씌우고 탓하지 마십시오.
> 지금 익어 가고 있을 뿐입니다.
> (성담스님, "풋과일이 떫은맛을 내는 것은 찬란한 아름다움이다" 중에서)

이 사연을 글로 쓰자니 또 한 편의 시도 떠오른다.

저게 저절로 붉어질 리는 없다
저 안에 태풍 몇 개
저 안에 천둥 몇 개
저 안에 벼락 몇 개

저게 저 혼자 둥글어질 리는 없다
저 안에 무서리 내리는 몇 밤
저 안에 땡볕 두어 달
저 안에 초승달 몇 날. (장석주, 「대추 한 알」)

그래, 아직은 떫은맛이지만, 우린 대추 한 알처럼 익어 가는 거야!

뱀과의 인연은 3년 뒤에 다시 찾아왔다.
장마가 끝나고 햇볕이 보이기 시작하니 뱀도 산책하

기 좋은 날씨였다. 우리도 결혼한 지 3년차에 접어드니 산책할 때도 손 안 잡고 따로 떨어져서 걸어다녔다. 고요한 아산 신정호를 보며 말없이 걷던 남편이 갑자기 펄쩍 뛰면서 나를 덮치다시피 했다. 내 덩치가 마동석쯤 됐다면 아마 내 품에 안겼을 것이다.

"어우, 깜짝이야! 뱀! 뱀!"

가리키는 쪽을 보니 조그만 뱀이 S자를 그리며 풀숲으로 줄행랑을 놓고 있었다.

마스크를 썼어도 사색이 된 게 틀림없는 얼굴과 흔들리는 두 눈, 도망치는 뱀을 번갈아 보며 이번에도 어김없이 웃음부터 터져 버렸다.

남편은 무안해 하면서도 놀란 가슴을 진정시키지 못하고 횡설수설했다.

"뱀이라구, 뱀! 뱀… 뱀… 무섭다구, 뱀…."

한번 무서운 뱀은 영원히 무서운가 보다.

그래도 3년 전에는 내 손을 놓고 줄행랑치더니, 이번엔 나한테 왔다.

8년 만의 아빠 소식

직접 찾아 나서도 보고 경찰에 신고도 하고 신문에 실종 광고도 내 보았지만 아빠의 소식은 좀처럼 들려오지 않았다. 처음엔 화가 났다. 노후 준비한다며 엄마랑 둘이서 8년 번 돈을 탈탈 털어서 연락을 끊으면 남겨진 가족은 어떡하라고? 아빠가 미웠다. 가족이 얼마나 싫으면 연락 한번 없을까? 문제가 있으면 얼굴 맞대고 풀어야지, 몇 년씩이나 피해 다니면서 가족을 괴롭히다니…. 한바탕 화풀이로 쏟을 대사까지 다 준비해 두고 있었다. 도대체 어떤 생각으로 그러셨는지 묻고 싶었다.

엄마랑 나는 8년 동안 전화번호도 바꾸지 않고 기약 없이 기다렸다. 결혼식도 처음엔 조용히 하려다가, 행여나 소문이 아빠한테도 가닿을까 해서 친척 친지 알릴 수 있는 데는 다 알리고 했다. 하지만 아빠는 나의 결혼식장에도 나타나지 않으셨다. 임신을 하고도 같은 생각으로 친척들한테 소식을 전했는데 역시 아빠는 나타나지 않으셨다. 엄마 앞에서는 대놓고 걱정하지도 못했다. 아무렴 내 속이 엄마 속만 하려고.

시간이 약이라고, 엄마랑 나는 용케도 잘 버텨 나가고 있었다. 아빠의 얼굴도 조금씩 가물가물해지며 감정도 조금씩 수그러들었다. 혈압이 높으신 분인데 병원은 잘 다니고 계신지, 한성격 하는 분이라 남들하곤 잘 어울리는지….

엄마랑 둘이서 이 악물고 억척스럽게 돈을 벌어서 한국에 조그마한 집 한 채도 장만했다. 나도 인연을 만나서 결혼을 해 가정을 꾸리고 귀여운 딸까지 낳았다.

딸아이를 낳고 100일쯤 지나면서부터 코로나 19 때문에 전 세계가 마비되다시피 했다. 젖먹이 아이와 두문불출하고 있는데 중국에 있는 친구한테서, 아빠 문제로 경찰이 나를 찾는다는 연락이 왔다.

'죄를 지어서 연락이 안 된 거였구나!'

가슴이 철렁했다. 그럴 아빠가 아닌데…. 떨리는 마음을 추스르며 경찰에 연락을 했다.

참담한 소식이었다. 아빠가 갑작스런 뇌경색으로 저세상으로 먼저 떠나셨다는 연락이었다. 같이 합숙하는 친구분이 신고해서 병원에 실려 갔지만, 끝내 우리한텐 마지막 얼굴을 보여 주지 않고 떠나 버리셨다.

우리는 코로나로 출국이 안 돼 마지막 가시는 모습도 끝내 보지 못했다. 중국에 계신 큰아버지의 도움으로 아빠를 화장하고 너무 허무했다. 몇 년을 미워도 하고 그리워도 해 보았던 아빠가 한 줌의 재가 되었다는 사실이 믿기지 않았다. 하루를 울어도 이틀을 울어도 눈물이 마르질 않았다. 영혼 한 모퉁이가 떨어져 나간 기분이 들었다. 돌아가신 뒤에 울어서 뭔 소용 있겠냐고 다짐을 해 보지만, 자다가도 눈이 떠지면 눈물이 절로 흘러내렸다.

젖먹이 딸아이 생각에 간신히 마음을 추스르고 좋은 생각만 하려고 애쓰면서 기분 전환을 했지만, 나한테는 아직까지도 꿈만 같다. 마지막 통화 때 하신 말씀이 아직도 귓가에 맴돈다.

"다 내가 능력이 부족해서 가족이 뿔뿔이 흩어져 사는 것만 같다. 한국에 와서 돈 벌면 다 해결될 줄 알았는데, 이젠 힘이 부쳐서 못할 짓이다."

속마음을 좀처럼 털어놓지 않는 아빠라 그땐 그 말씀이 무슨 뜻인지 몰랐다.

나중에 아빠 친구분한테 전해 들었는데, 그동안 번 돈으로 로또를 샀다가 돈을 거의 탕진해 버리셨단다. 퍼뜩 정신이 들고 나니 지금까지 딸한테 해 준 것도 없는데 짐이 되는 것 같아서 연락을 못 하셨단다.

연락이 안 되는 동안 아빠를 미워할 때, 친구가 눈물을 글썽이면서 말했다.

"나중에 네 아빠가 돌아가시면, 아빠를 미워했던 너 자신이 미워질 거야…. 연락 닿으면 잘해 드려."

친구 말대로 나는 지금 아빠를 미워했던 나를 미워하고 있다. 친구 말이 아니더라도 연락만 닿으면 이제는 진짜로 잘해 드릴 텐데, 아빠는 이제 영영 연락 닿지 않는 곳으로 가 버리셨다.

어릴 적 아빠가 나한테 TV 리모컨을 넘기면서 하던 말씀이 떠오른다.

"보고 싶은 채널 있으면 돌려서 봐, 넌 맘대로 채널 돌릴 때 제일 좋아하더라."

아빠, 미워해서 미안해요. 그리고, 낳아 줘서 고마워요.

아빠의 마지막 선물

나는 아빠하고는 데면데면했다. 일 년에 통화하는 회수가 열 손가락 안에 든다. 통화를 해도 할 말이 없어서 서먹할 때가 많았다. 그래서 통화도 몇 마디 하고 나서 서로 상대가 말하기만 기다리고 있으면, 아빠가 "할 말 없으면 끊자"며 먼저 전화를 끊었다.

그랬던 아빠가 그해 여름 연락이 끊기기 직전, 나랑 통화하던 중 덤덤하게 이런 말씀을 하셨다.

"나는 이 정도 살았으니 내가 살아온 인생이 왜 이렇

게 됐는지 대충은 알지만, 너는 아직 젊고 기회가 많은 사회에서 사니까 아빠보다는 항상 더 좋은 선택을 하기 바란다."

그때는 지나가는 말로만 알았지, 평소 그런 이야기를 잘 하지 않던 아빠의 심경 변화는 궁금하지도 않았다. 그러다 연락이 끊기고, 한동안은 아빠의 그 말씀도 기억 아래 묻고 지냈다.

한국 와서 엄마랑 영화관에서 〈국제시장〉을 볼 때다. 마지막 즈음에 머리가 하얘진 덕수(황정민)가 아버지의 사진을 보면서

"… 나 이만 하면 잘살았지예? 근데… 내 진짜 힘들었거든예."

그러면서 "아부지가 되게 보고 싶었습니다" 하는데, 나도 덩달아 아빠 생각이 나면서 마음이 저려 왔다.

할아버지 고향도 한반도지만 정확히 어딘지는 모른다. 열한 살쯤에 전쟁을 피해 부모님 손을 잡고 연변으로 넘어오셨다고 들었다. 내가 기억하는 할아버지 모습

은 거동이 불편해서 항상 지팡이를 짚고 다니시던 모습이다. 할아버지는 내가 초등학교 1학년 때 연변에서 삶을 마감하셨다. 그런 할아버지 밑에 태어나서 자란 아빠도 중국의 어려운 시절을 함께하면서 쉬운 인생은 아니었을 거라는 생각을 처음으로 하게 되었다. 누구한테도 하지 못했던 말을 아버지 사진을 보면서 하는 주인공의 모습을 보면서, 아빠도 힘든 마음을 누군가가 알아주었으면 하는 마음이 있지 않았을까 싶어서 눈물이 저절로 흘러내렸다.

아빠도 이주민의 자식으로서 어렵게 중국에 정착했고, 노후를 위해 다시 아버지(할아버지)의 고향 한반도 땅을 밟았지만, 여기서는 도로 이방인이었다. 그냥 고향에 계셨더라면 농사철만 아니면 좋아하는 장기를 함께 둘 친구분들도 있고 명절이면 친척들끼리 모여서 얼굴이라도 보며 재밌게 지냈을 것을 굳이 혼자서 노후 준비를, 그것도 타국 아닌 타국 땅까지 와서, 어련하셨을까?

내가 한국에 와서 보니 중국과 우선 문화가 다르고, 조선족자치주에 있을 때하고는 이해관계가 또 다르다. 비슷한 언어를 쓰는 사람들하고 함께 있어도 나만 홀로 외딴섬에 와 있는 기분이 들 때가 한두 번이 아니다. 분명한 건 외국 와서 돈 벌려고 했을 때에는 외로워지려고 그 길을 선택한 건 아니다. 더 잘사는 나라로 가서 더 좋은 무언가를 배우고, 더 좋은 환경에 적응하고, 돈 한 푼이라도 더 벌어서 하루라도 빨리 고향에 돌아가 더 나은 삶을 살아 보자는 일념에서다. 하지만 몇 년을 그렇게 돈, 돈 하고 살다 보면 문득 '내가 지금 왜 이러고 있지?' 하는 생각이 울컥 치밀곤 한다.

오로지 돈 벌 일만 생각하던 동안은 내 마음을 미처 살피지 못했다. 사랑 때문에 힘들어 하는 사람이 있으면 '먹고살기도 힘든데 무슨 사랑 타령?' 하면서 흉보기 일쑤였다. 그러면서 되레 중국에 남은 친구들이 오히려 부럽기도 했다. 값없이 누렸기에 소중한 줄 몰랐던 그때 그 소소한 일상들이 더 이상 내 것이 아니란 생각에, 친구들과도 연락도 점점 뜸해졌다. 오죽했으면 친구들이 먼저 나한테 전화할 때 첫마디가 "살아 있냐?"였을까.

스스로를 외톨이로 만들어 놓고 나니 그제야 아빠의 말씀이 기억났다. "앞으로 나보다 좋은 선택을 하기 바란다"고 하신 말씀도 그때 들을 때와 다른 의미로 다가오기 시작했다.

'그동안 아빠도 많이 외로우셨구나! 그래서 그런 말씀을 하셨구나!'

어쩌면 아빠는 당신이 외롭게 걸어온 길을 딸인 나는 걷지 않기를 바랐을지도 모른다. 항상 걱정스럽게 타이르던 말투와 달리 덤덤했던 것도 어쩌면 더 이상 걱정 않고 이제는 나를 믿는다는 말투로 받아들여지기 시작했다. 그래서 내가 "돈이고 뭐고, 어디서든 한 가족이 모여서 살자"고 했을 때 아빠가 한국은 아니라면서 기어코 반대하셨을 것이다. 몇 년 먼저 한국에서 지내 보고 외로움을 뼈저리게 느끼면서, 당신 딸만은 이 힘든 과정을 되풀이하지 말라고.

아이러니하게도 그런 아빠 덕분에 나는 한국에 오게 되었고, 인생의 반쪽을 만나서 가정을 이루고, 아빠의 손녀딸을 키우며 살고 있다. '부모 자식은 천륜, 부부는 인륜'이라는 옛말이 생각난다. 어떻게든 자식들이 나보다 잘살기 원하는 부모의 염원은 부모님이 이 세상에 안 계셔도 자식 곁을 떠돌며 자식을 돕고 있는지도 모른다. 그런 아빠의 염원대로, 나는 더 이상 혼자서 외로움과 싸우지 않고 이 땅에서 인륜을 맺고 또 다른 천륜을 만들고 살아가는 중이다.

제 2 부

한국과 중국 사이

연변 안까이, 한국 나그네

"호물호물해?"

"…?"

"만만해?"

"…?"

"복숭아가 말랑하냐고!"

"아아~ 응!"

복숭아를 먹고 있는 남편한테 말랑한지 딱딱한지 물어보는 중이다. 이렇게 우리는 서로에게 다이렉트로 이해 못 시킬 때가 많다.

중학교 때 연변에 한국 위성방송이 유행하면서, 집집마나 위성 안테나를 놓는 바람이 불었다. 그때부터 한국 방송도 다이렉트로 접하게 되었다. 비록 중국에 있지만 우리 조선족 말과 비슷하면서도 다른 한국말을 들을 기회도 많아졌다. 처음 제대로 듣는 한국말은 고급지고 부드러워웠다. 조선족 말과 많이 다르지만 알아들을 수 있어서 좋았다. 그때 유행했던 HOT 대 젝스키스, SES 대 핑클의 뜨거운 대결 열기도 중국에서 간접적으로 느꼈다. 차츰 한국을 동경하고, 한국말을 하려고 노력도 해 보았다.

한국에 온 지 몇 년 됐지만, 중국에서 살아온 30년 동안 절반 이상은 조선족 말을 썼기에 한국말 할 때도 나도 모르게 연변말과 중국어가 튀어나오곤 한다. 최대한 한국식으로 말하려고 하지만 가끔은 두 언어 사이에서 혼동이 온다. 자주 사용 안 해 본 한국 단어일수록 연변말부터 불쑥불쑥 튀어나온다. 그렇다고 한동안 연변말을 안 하면 내가 아는 내 자신이 아닌 것 같아서 답답할 때도 있다.

가끔씩 모임에 나가서, 가만 있으면 그냥 평범한 삼십대 아줌마로 보다가 외국인이라고 하면 조금씩은 놀라는 표정이다. 외국인이라고 소개를 하면 보통 두 가지 반응이 돌아온다.

"한국말 잘하시네요?"

"두 가지 언어 다 하실 줄 알아서 얼마나 좋아요!"

처음엔 그런 반응이 조금 부담 되었다. 자리가 길어지고 말을 많이 하다 보면 무심코 연변 방언이 새나올까 봐 항상 입조심하고 분위기를 살폈다.

웬만큼 시간이 흐르니 이젠 뻔뻔해져서 관심 받는 자체를 즐긴다. 그리고 어차피 외국인인데 한국말쯤 잘 못해서 연변말이 툭툭 튀어나온들 무슨 흉이겠나 하는 안일한 생각도 든다.

"연변에 진짜로 개 장수가 있어?"

"없어."

아무튼 나는 보지 못했으니까.

연변에 가 보지 못한 남편은 〈범죄도시〉나 〈황해〉 같은 영화를 통해서나 조선족을 간접적으로 아는 수준이다. 그래서 조선족 하면 무섭다고만 생각하는 남편한테 연변말을 배워 보라고 이야기해 본 적이 없다. 그래도 내가 조선족 친구들과 통화를 할 때면 남편은 은근 귀를 기울이는 눈치다.

하루는 남편한테서 밖에서 전화가 왔다.

"안까이(아내), 뭐 하오?"

다른 사람이 건 게 아닌가 싶어서 휴대폰에 등록된 이름을 다시 확인했다. '영감'이 맞다.

"나그네(남편)는 운전 하오? 어째 갑자기 연변말 함까?"

"안까이, 뭐 하오?"

다른 말은 할 줄 모르는 남편은 아는 말만 계속 반복

한다. 갑자기 하지도 않던 연변말을 왜 하냐고 물어보니, 인터넷에서 연변말과 한국말 비교하는 사진이 떠 있기에 따라 해 보는 거란다.

그래, 이유야 어떻든 영감이 연변말을 함께 해 줘야 내가 덜 외롭지.

지금도 나는 남편을 이해시키는 데 가끔씩 브레이크가 걸린다.

그래도 편안하게 생각하기로 했다. 조급한 마음으로 배우는 언어에는 조급함이 묻어 나기 마련이다. 조금 더 천천히 이 나라의 언어와 문화를 알아 가려고 한다.

같은 일제시대, 다른 6·25

외할아버지는 앞을 못 보셨다.

엄마를 통해 가끔씩 들은 바로, 외할아버지는 엄마가 열일곱 살 되던 해부터 앞을 서서히 못 보기 시작하셨단다. 엄마가 학교를 휴학하면서 2년 동안 병간호를 했음에도, 의학이 요즘 같지 않던 시절이라 결국 시력을 잃고 말았다.

그때면 중국 전체가 소련에 진 군사 빚을 갚기 위해 노동력의 등급을 나누어 식량을 배급받아 먹던 시기다.

가정의 무게는 외할머니 어깨에 고스란히 전해졌다. 외할머니는 하루 노동이 끝나면 쉴 틈도 없이 뒷산에 올라가서 계절에 따라서 나물이나 버섯, 과일이나 언 감자를 캐다가 식구들의 부족한 식량을 해결하셨다. 겨울이 되면 마을에 양 기르는 집에 가서 일을 해 주고 삯으로 양털을 구해다가 실을 뽑고, 그 실로 뜨개옷을 떠서 식구들 입을 것을 마련하셨다. 그래서 엄마는 배고픈 그 시절에 외할머니 덕에 굶을 걱정 안 했다고 항상 회상하시곤 한다.

엄마 고향은 장백(창바이) 조선족자치현(縣)인데 시집은 멀리 연변 조선족자치주로 왔다. 지금이야 버스 타고 열 시간 정도면 다이렉트로 갈 수 있지만, 교통이 불편한 그 시기에는 버스랑 기차를 번갈아 타는데 차 시간까지 맞추려면 중간에서 1박을 해야 갈 수 있었다. 그래서 나는 어린 시절 외가에 자주 놀러 가지 못했다. 몇 년에 한 번 외가에 놀러 가면, 내 얼굴을 한 번도 본 적이 없는 외할아버지는 엄마의 어릴 때 모습을 회상하면서 "연화(엄마 이름) 딸이니 당연히 얼마나 예쁘게 생겼을까" 하며 내 얼굴 못 보는 것을 아쉬워하셨다.

남존여비의 옛날 사회지만 4남매 중 외동딸이었던 엄마는 그 시절에도 외할아버지 외할머니의 사랑을 독차지했다고 한다. 사실 나는 눈도 엄마보다 작고 코도 아빠의 마늘코를 닮고 웃으면 잇몸이 드러나서 엄마의 예쁜 모습은 찾아볼 수 없다. 하지만 외할아버지를 실망시키지 않겠다기보다는 나를 더 예뻐해 주시기를 바라는 마음에, 내가 엄마를 안 닮았다는 말은 외할아버지 생전에 한 적이 없다. 외할아버지는 엄마를 얼마나 예뻐 하셨는지 가끔은 나도 연화라고 부르셨고, 옛날 이야기를 많이 들려주셨다.

외할아버지 고향은 함경도 '마천골'이다. 이름으로 보아 함경북도와 남도의 경계선인 '마천령' 근처 어디쯤 되지 않을까 생각하지만 더 자세한 것은 확인할 길이 없다. 소학교는 고향에서 다니셨다. 성적이 좋아서 그 당시 다니기 어려운 중학교에 합격했지만 중도에 포기했다고 한다. 중학교는 산을 넘어 왕복 25킬로미터를 다녀야 했는데, 저녁이 되면 산짐승들이 출몰했다. 범불(호랑이의 두 눈에서 나는 빛)을 보면서 다니다가, 무서운 것보다 떡장사를 하는 증조할머니가 걱정할까 봐 포기하셨단다. 증조할머니는 아들 걱정에 외할아버지가 돌아올 때까지 산 입구에서 기다리고 있다가 메아리가 울릴 정도로"어~ 어~!" 외치면서 신호를 보내셨단다.

"근데 왜 이름을 안 불러요? 이름을 부르면 누구 엄마인지 알 수 있잖아요."

"옛날에는 범이 잡아갈까 봐 산속에서 함부로 이름을 안 불렀단다."

외할아버지는 입가에 미소를 짓고 내 머리를 쓰다듬으면서,

"짐승들은 배고프지 않으면 사람을 해치지 않는단다. 내가 범을 해꼬지하지 않으면 오히려 사람을 보호해 주기도 하지. 그래서 마을에 내려온 노루라든가 범

새끼들은 다 산속으로 다시 데려다줘야 된단다. 그게 마을을 보호하는 길이기도 하지."

"그럼 할아버지는 무서운 게 없겠네요?"

나의 순진한 질문에 외할아버지는 껄껄 웃으면서

"왜 없어? 니네 외할머니가 제일 무섭지. … 지금 세상은 얼마나 좋냐? 집 앞에 학교가 있어서 마음만 먹으면 학교를 다닐 수 있잖니? 진하는 공부 잘하고 있지?"

"… 네."

나는 기어드는 목소리로 대답했다. 왜냐하면 나는 공부보다 노는 게 더 좋았기 때문이다. 성적이 좋을 땐 놀아도 엄마가 꾸지람을 하지 않았으니 놀기 위해서 공부를 했다. 아마도 그때는 나도 세상에서 엄마가 제일 무서웠던 것 같다.

TV를 못 보는 외할아버지는 늘 라디오를 들으시는데, 전부 다 일본말이 흘러나오는 채널이었다.

'중학교를 중퇴한 외할아버지가 어떻게 일본말을 저렇게 잘 알아듣지?'

궁금해서 여쭤 보았더니, 외할아버지는 초점이 없는 눈으로 먼 곳을 보며

"소학교 다닐 때 일본놈들이 학교에서는 우리한테 조선말을 못하게 했단다. 그래서 교실에서 누가 우리말을 하면 목에다 욕설이 담긴 패쪽을 걸어 주곤 했어. 그 패쪽을 안 달기 위해서 학교에서는 일본말만 했단다."

"그럼 할아버지는 조선글은 쓸 줄 모르세요?"

"학교가 아니라 마을에서 어른들한테 따로 배워야 하는데, 일본 사람들의 눈을 피해 가면서 배워야 했단다."

나는 그런 상황이 이해가 안 가 고개를 갸우뚱했다. 노는 것도 아니고 공부를 남의 눈을 피해 가면서 하다니, 도저히 이해할 수가 없었다. 한국에 와서 〈말모이〉나 〈나랏말ᄊᆞ미〉 같은 영화를 보니 비로소 그 시기에 오로지 나랏말을 보존하려고 노력한 분들의 마음에 존경심이 인다.

외할아버지는 주무실 때면 늘 이불 변두리를 담요 밑

에 말아 넣어 편지 봉투처럼 만들어 놓고 거기에 주무시는데, 아침에 일어날 때 이불이 하나 흐트러짐이 없었다. 잠버릇이 요란한 나로서는 궁금증을 떠나서 거의 경이로운 수준이었다. 궁금하면 못 참는 성격이라 며칠을 지켜보다 여쭤보았다.

"왜 자면서 이불 속에다 할아버지를 가둬 버리세요?"

"군대에 있을 때 습관이 돼서 그런다."

"그렇게 안 자면 군대 못 가요?"

"군대 있을 때 자면서 이불 밖으로 손발이 나오면 자다가 두들겨 맞아야 했단다. 그래서 안 맞으려고 움직이지 않고 자는 버릇이 생겼어."

"군대에선 잠도 제대로 못 자게 하나요?"

"반장이 일본 사람인데 좀 유별나긴 했지. 그런데 반장 덕분에 내가 아직까지 살아 있단다."

"일본 사람인데 왜 할아버지 반장이에요? 그리고 일본은 우리나라(중국)를 침략한 나쁜 나라 아니에요?"

어린 나이지만 학교에서랑 어른들한테 들어서 내가

알고 있는 한 일본은 중국을 침략한 나라고, 내가 들어서 아는 일본 사람들은 항상 악당들이었다. 나중에 커서 역사를 배워 보니, 일본이 중국 만주를 침략할 당시 한반도도 일제강점기였다. 그런데 일본인 반장 '덕분에' 외할아버지가 살 수 있었다는 말씀은 어린 나이에도 커다란 충격이었다.

"조선 군대인데, 위에 간부들은 다 일본 사람들이었어. 일본군이 우리나라 사람을 강제로 입대시켰는데, 그걸 피하기 위해 할아버지만 혼자 중국으로 피신을 왔지. 그런데 일본놈들이 할아버지의 아버지를 감옥에 넣는 바람에 내가 어쩔 수 없이 돌아가서 입대하게 됐단다."

할아버지는 숨을 고르고 다시 추억을 더듬으며 말씀을 계속하셨다.

"입대하고 한 달이 채 안 됐는데, 소련군 비행기가 하늘을 뒤덮었어. 우리 부대 조선인들은 모여서 탈영을 할 계획을 세우고 있었어. 일본이 곧 전쟁에서 질 거라는 정보를 받았는지, 반장이 하루 저녁은 우리 소조(분대) 일고여덟 명을 조용히 부르더니, '일본군이 패하면 너희들은 다 죽은 목숨이니 오늘 저녁에 당장 여길 떠나라'고 하더라. 그리곤 우리더러 이불 껍데를 벗겨서 낮에는 숨어 있다가 저녁이 되면 북쪽으로 도망가라고 시켰단다."

외할아버지의 목소리가 미세하게 떨리고 있었다. 초점 없는 눈을 몇 번 껌뻑이시더니 말씀을 이어 나가셨다.

"우린 총하고 이불만 가지고 그날 밤에 바로 도망을 쳤어. 낮에는 숨어 있고, 밤에만 행군을 했는데 일본 초소를 보면 무작정 총격전을 벌였어."

"밤인데 어떻게 일본군인지 알고 바로 총을 쏴요?"

"말을 들어 보면 일본군인지 조선군인지 알지. … 계속 북쪽으로 올라오니 조선군 초소가 보여서 조선 사람이라고 말하니 다음 초소에 가서 댈 암호를 알려 주더라. 우린 다 살았는데, 반장은 아마 우릴 도망 보내고

총살당했을 거다."

나는 한참 동안 말을 할 수 없었다. 나쁘게만 생각했던 일본군이 할아버지 목숨을 살려 주었다니 쉽게 믿어지지 않았고 받아들여지지 않았다. 내가 들은 이야기를 다시 한 번 확인하고 싶어서 엄마한테 여쭤보았다.

"옛날에 외할아버지가 나한테 일본군에 잡혀가서 도망쳤던 이야기를 했었는데, 그때 일본군이 할아버지를 살려 준 거나 다름없다고 했는데, 내 기억이 맞아요?"

"응, 아버지(외할아버지) 고향은 함경도 마천골이었다. 일제 강점 시기 아버지가 맏아들이라서 일본군으로 징병을 가야 되는데 그게 싫어서 고향을 떠나 중국으로 돈 벌려고 두만강을 건넜단다."

엄마는 누가 안 물어봤더라면 섭섭하기라도 했다는 듯 말씀을 이어 나갔다.

"근데 일본군이 아버지가 입대를 안 하니깐 할아버지(증조할아버지)를 감옥에 가둬 버렸지. 중국에서 소식을 들은 아버지는 할 수 없이 고향으로 돌아가서 아버지를 감옥에서 빼내고 일본군 징병으로 나간 거지."

그 뒤 이야기도 내가 외할아버지한테서 들었던 이야기랑 비슷했다.

한국에 와서 역사에 관심을 가지면서, 초등학교 시절 외할아버지한테서 옛말처럼 들었던 이야기가 점점 더 가깝게 느껴졌다. 중국 역사와 한국 역사를 비교해서 공부를 해 보니, 외할아버지가 이야기한 시대 배경은 아마 1931년 9·18 사변(만주 사변)부터 14년 지속된 일본 침략 시기라고 추측된다. 중국 동북 3성 지역이 일본군의 침략을 당해 자주권을 빼앗기고 지배를 받을 때다.

나는 아직도 몇 번 만나 보지 못한 외할아버지 생각을 하면, 호랑이 담배 피던 시절 이야기라고만 생각했던 외할아버지의 '옛말'이 떠오른다. 한국과 일본의 무역 전쟁 때문에 혼란스러운 시기에도 일본어 라디오를 듣던 외할아버지가 생각나면서, 일본인 전부가 총리와 같은 생각은 아니었으면 하는 바람이 나의 기억을 건드린다.

친할머니랑은 같은 마을에서 아래 윗집에 살았다. 그래서 어릴 때부터 할머니가 소리 지르면서 잠꼬대하는 모습을 많이 봐 왔다. 이상한 건, 그러다 깨면 할머니는 늘 같은 꿈을 반복해서 꾼 이야기를 하신다. 전쟁 포로로 잡혀가서 묶였는데 도망가려고 할 때면 보초 서는 사람이 나타나는 꿈이라고 하신다.

할머니 어린 시절은 소련군이 중국하고 연맹을 이룬 시기라서 소련 군인들이 마을에 자주 드나들었다. 하지만 마을에 내려와서 행패를 부리거나 여자들을 희롱하는 일이 많아서 소련 군대가 떴다는 지라시가 돌면 마을 사람들은 비상이 걸린다. 여자들은 부랴부랴 숨을 곳을 찾아 다녀야만 했단다. 할머니도 남장을 하고 논밭에서 남자들하고 함께 일하는 시늉을 했다고 하신다. 그러던 어느 해 가을에는 새 잡으러 온 소련군이 논두렁에서 걸어 다니는 걸 보고, 남장을 하고도 들킬까 봐 마음을 졸이면서 피해 다닌 이야기를 수도 없이 하셨다. 다행히 발각되진 않았지만, 그 시기 트라우마를 한평생 지니고 사셨다. 나는 이렇게 할머니의 옛말로 전쟁 시기 서민들의 삶을 조금이나마 간접적으로 접하곤 했다.

중국의 1950년대 항미원조(6·25 전쟁)로 시작되는 할머니의 이야기는 전쟁 현장보다 그시기에 시골 마을의 변화에 더 집중돼 있었다.

중국에서는 '미군을 내쫓고 조선(북한)을 돕자'는 항미원조(抗美援朝)라는 구호를 외쳤고, 인민지원군을 모집했다. 우리 조선족은 같은 언어를 사용하는 민족이니 자원이 아닌 강제에 가까운 파견으로 진행이 되었다면서, 할머니는 늘 누구 아들은 그때 죽었고 누구 아버지는 그 전쟁에 나가 소식이 없다고 입버릇처럼 이야기해주셨다. 물론 어린 마음에 전쟁이 뭔지, 가족을 잃어버린다는 게 어떤 건지 헤아릴 수는 없었다.

나중에 직장생활을 하며 한국인들과 접하게 되었고,

6·25 전쟁이 내가 알고 있는 항미원조와 같은 전쟁이란 걸 알았다. 우리 조선족 지원군이 한국 역사의 무대에서는 또 다른 역할을 하고 있었다는 걸 뒤늦게 알게 된 셈이다. 입장의 차이에 앞서, 가족을 잃어버리고 가족과 생이별을 한 아픔은 또 다른 현실이다.

"한국 사람들은 메이드 인 차이나 제품을 그렇게 많이 사용하면서 왜 중국 제품의 안 좋은 이미지만 말해?"

나의 하소연에 말을 아끼는 남편은 아무런 대꾸도 하지 않더니, 한번은 술을 마시고

"우리나라가 중국으로부터 얼마나 많은 침략을 받았는지 알아?"

이러는데 문득 '아! 내가 일본을 가 보지도 않았으면서 일본을 싫어하는 거랑 닮았구나!'라는 생각에 마음이 저려 왔다. 정서적인 슬픔은 시간이 지나도 쉽게 사그라지지 않는구나.

한국의 역사를 학교에서 직접 배우진 않았지만, 한국을 알아 가려고 역사박물관을 다니는 것이 취미였던 적이 있었다. 그때는 한국도 여러 나라의 침략을 받으면서 지금까지 오기가 참 쉽지 않았구나, 새로운 시선을 알아 가는 수준에만 그쳤다. 그 속에서 대대로 내려온 아픔 따위는 역사책에 묻어 두면 새출발이 되는 줄 알았다. 하지만 역지사지로 본다면, 나의 할머니 할아버지가 겪은 고생이 고스란히 우리한테도 이야기로 내려오듯이 한국인이 역사에서 겪었던 아픔도 대대손손 내려왔을 법하다.

역사적으로 한국은 많은 나라의 침략을 받았다고 한다. 돌아가신 시아버님도 베트남 전쟁에 참전한 국가유공자시다. 정서적인 아픔이라면 남편이 어찌 보면 나보다 덜하진 않겠구나 생각할 때도 있다. 말을 안 하니 어느 정도인지는 모르지만, 본인은 틀림없이 느끼고 있을 것이다.

같은 민족으로 동시대에 살면서도 각자의 아픈 역사

속에서 따로 살 뻔했는데, 지금은 한국에 와서 이런저런 인연으로 묶여서 상대방의 아픔도 함께 나눌 수 있다는 것에 감사할 따름이다.

조선족도 중국말은 어려워

“내가 외국어만 할 줄 알아도 대기업은 쉽게 들어갔을 텐데.”

남편이 두 가지 언어를 하는 내 앞에서 신세타령을 한다.

“나도 김태희만큼만 예뻤어도….”

없는 것에는 연연하지 않는 것이 현재와 미래가 편하다.

한국은 영어 열풍이다. 어린이집 들어가기 전부터, 심지어 뱃속에 있을 때부터 영어 태교를 하는 엄마들도 많다. 의식주도 브랜드 이름, 식료품, 부동산 이름까지 영어 안 들어간 데가 없고, 아예 영어로만 표기한 것이 많다. 영어가 안 되면 생활이 어려울 정도다. 나는 중국에서 영어를 책으로만 배워서 실전에서는 문외한이다. 한국에서 영어가 중요하니까 영어를 배워 보려고 하지만, 아직은 한국어를 더 잘하는 게 우선순위다.

반면, 조선족은 중국어 바람이다. 조선족도 중국인이므로 의무적으로 중국어를 배워야 한다. 소수 민족에게 중국어는 먹고살기 위한 필수 언어다. 하지만 조선족 사회에서 사는 동안은 일부러 배워야 하는 '외국어'이기도 하다.

조선족은 신분증도 한글과 중국어 두 가지로 표기돼 있다. TV 채널도 중국어 채널 외에 조선말로 하는 연변 채널이 있다. 조선족 마을이라도 한족들이 함께 살기 때문에 또래 아이들하고 어울려서 놀다 보면 어려서부터 '생활 중국어'는 자연스럽게 습득하게 되지만, 한족 아이들도 마찬가지로 '생활 조선말'을 습득하게 되니까 피장파장이다. 중국말, 조선말 섞어 가며 얘기해도 생활이 되니까, 일부러 배우지 않으면 한족만큼 한족 말을 구사할 수 없다.

중국 친구들은 우리 조선족들은 태어나서부터 한국말을 잘하는 줄 안다. 한국에서도 조선족들은 중국말을 당연히 다 잘하는 거 아니냐고 물어보는 사람들이 있다. 물론 두 개 언어를 함께 배워야 하는 환경이어서 두 개 언어를 다 할 수 있는 기회는 있다.

어릴 적, 한족 말을 배워야겠다고 결심한 적이 있다. 한족 아이들도 함께 어울려서 하는 구슬따기(구슬치기)에서 더 많은 구슬을 차지하기 위해서다.

나는 놀음에 욕심이 많았다. 딱지치기, 구슬따기, 숨바꼭질, 고무줄놀이 중에서 내가 제일 열을 올려서 놀았던 게 구슬따기다. "남자애들이 노는 놀음인데 여자인 네가 왜 구슬을 치냐"며 부모님은 구슬을 사 주지 않았다. 구슬따기는 땅에 구멍을 여러 개 파 놓고 순서대로 한 구멍씩 지나가면서, 상대의 구슬을 쳐내면서 마지막 홀까지 클리어하면 널려 있는 구슬을 다 가지는 놀음이다. 구슬따기를 하고 집에 돌아오면 바지가 흙투성이가 돼 있으니 엄마가 사 줄 리가 없었다. 하지만 엄마가 놀지 말라고 하면 밤 새워서라도 더 놀고 싶은 때다. 유리병에 잔뜩 담긴 구슬을 나의 '보물 창고'에 숨겨 두고 날마다 몰래 꺼내 보면 웃음주머니가 저절로 흔들거렸다.

어린 나이에도 나는 이미 따 놓은 나의 작은 구슬보다 다른 애들이 가지고 있는 왕사이즈 유리구슬이 더 갖고 싶었다. 왕구슬을 따려면 작은 구슬 여러 개와 맞바꿔야 된다. 왕구슬을 많이 가지고 있는 애들은 한족 애들이었다. 우리 조선족이랑 다른 말을 쓰는 한족 애들이라 다가가기 망설여졌지만, 왕구슬의 유혹이 더 컸다. 하지만 같이 구슬따기 하자고 하려면 뭐라고 말해야 하는지 가르쳐 줄 사람이 없었다. 할 수 없이 조선말로 말을 걸었더니 다행히 알아듣는 눈치였다. 자기들도 조선말을 대충 알기 때문이다.

문제는 그다음이다. 놀음을 하는 중에도 많은 말들이 오가는데, 한족 애들이 저들끼리 말하는 게 하나도 안 들리는 것이다. 처음에는 감으로 알아듣다가, 신기하기도 해서 뜻도 모르면서 무조건 따라 했더니 왠지 나도 중국말을 할 줄 아는 것 같아서 뿌듯했다. 그까짓 구슬이 뭐라고, 지금도 그때를 돌이켜 보면 헛웃음이 절로 나온다. 아무튼 나중에 조선족 초등학교 들어가서 한자를 배울 때 재밌긴 했다. 이렇게 나의 중국어 공부는 놀음에서 구슬을 따려는 목적으로 시작되었다.

관심이란 게 그렇게 무서운가 보다. 백종원 씨도 중국어 강의를 들을 땐 엄청 졸렸는데 중국어 메뉴판 공부는 그렇게 재밌었다지 않는가. 그분은 중국 사람들과 메뉴 주문할 때는 거의 원어민 수준으로 대화가 가능하다고 한다.

영어를 실전으로 도전할 생각을 하게 된 건 신혼여행으로 팔라우를 갔을 때다. 나도 남편도 영어권 나라는 처음이었다.

주목적인 다이빙은 현지의 한국 강사한테 자격증 과정을 배우고, 나머지 일정은 둘만의 자유시간을 가지기로 했다. 동네가 크지 않아서 길 잃어버릴 일은 없었다. 그런데 식당이나 마트에 가면 전부 다 영어다. 영어 과외 좀 받아 봤다는 남편한테 영어 실력 좀 발휘해 보라고 부추겼다. 남편은 도저히 말문이 안 트인다면서 나한테 다시 떠밀었다. '천안 날다람쥐'도 영어 앞에서는 어쩔 수 없는 외국인이었다.

둘 중 한 명은 영어를 해야 밥이라도 먹는 상황. 나는 얼굴에 철판을 깔고, 그 상황에서 할 수 있는 영어 단어는 다 말해 버렸다. 돈은 내가 쓰는 거니까, 내가 원하는 걸 상대가 알아듣게만 하면 되는 거였다. 다행히 가고 싶었던 식당 한 번씩 다 포함해서 예정했던 일정은 다 소화하고 돌아왔다.

남편은 마누라가 중국인인데도 중국말을 배우려고 하지 않는다.

“와이프가 명색이 중국인인데 영감도 중국어 좀 배워 보지?”

“필요하면 마누라를 데리고 다니면 되지, 왜 힘들게 배워?”

잊고 있었다. 부사관 출신 이 남자의 ‘인솔’ 본능을.

처음 해 본 중국어

어릴 때, 자전거 뒤에 먹을 것을 달고 마을을 돌아다니면서 장사하는 사람들은 거의 다 중국인들이었다.

빚을 내서라도 술 마시고 보는 조선족들과 달리 한족들은 알뜰했다. 연변 사는 한족들은 푼돈이라도 남는다 싶으면 장사를 한다. 아이스케키, 두부, 쌀 장사…. 이윤이 적은 장사라도 꾸준히 해서 승부를 본다. 나는 지금도 아이스바를 먹을 때면 어릴 때 장사꾼 뒤를 졸졸 따라 다니면서 잔돈을 내밀고 아이스케키를 사 먹던 내

모습이 떠오른다.

대여섯 살쯤까지만 해도 우리 마을엔 냉장고가 있는 집이 없었다. 지금은 동네 편의점만 가면 사 먹을 수 있는 아이스크림이지만 그땐 '기다림'이 필요했다. 여름이 되면 자전거 뒤에 아이스박스를 싣고 다니면서 "아이스케키~"라고 한족말로 외치는 아저씨를 애타게 기다렸다. 여름이면 부모님이 서운해 할 정도로 제일 많이 물어본 말이 "아이스케키 아저씨 언제 와요?"였다.

아이스케키 아저씨는 이삼 일에 한 번씩 왔다. 냉장고가 없으니 한 개, 많아야 두 개밖에 못 샀다. 그 귀한 아이스케키를 애지중지 빨면서, 또래 친구들하고 누가 흘리지 않고 더 오래 먹나 내기도 했다. 녹을까 떨어질까, 나무막대기의 마지막 단물까지 쪽쪽 빨면서.

어떨 땐 살짝 녹아 버린 아이스케키가 걸리기도 한다. 아이스박스에 담아서 팔기 때문에 날씨가 더우면 윗부분에 놓은 것은 팔다 보면 조금 녹아 있을 수 있었다. 그럴 땐 다른 걸로 바꿔 달라고 해야 되는데, 한족 말 하는 아저씨랑 말이 안 통해서 속상했다. 지금 생각하면 조선족 말로 해도 당연히 알아들었을 텐데, 워낙 특별하게 보이는 '아이스케키 아저씨'이다 보니 말도 무조건 한족 말로 해야 알 것만 같았다.

작정을 하고 용기를 내어 동네 한족 어른한테 '더 시원한 아이스케키'를 한족 말로 어떻게 하냐고 물어보았다. 수십 년을 조선족 마을에서 생활한 분들이라 조선말로 물어봐도 찰떡같이 알아듣고 친절하게 가르쳐 주셨다.

아이스케키 아저씨가 왔다. 나는 당당하게

"워야오 쭈이량더(我要最凉的)."

아저씨는 "어?" 하고 아이스케키 꺼내려던 손을 멈추고 나를 내려다 보았다.

'내가 잘못 말했나?'

주눅이 들었지만 그래도 더 잘 얼려져 있는 아이스케키를 먹겠다는 일념 하나로, 떨리지만 기어들어 가는 목소리로 다시 한 번

"워야오 쭈이량더."

아저씨는 입가에 미소를 띠고 밑에 있는 아이스크림을 꺼내 주면서 "어린데 한족 말 잘하네?"라며 칭찬까지 해 주었다.

난생 처음 해 본 중국어는 그러나 그 상황에 딱 맞는 말은 아니었다. 정확하게 하려면 "워야오 메이화더(我要沒化的, 안 녹은 거 주세요)"라고 해야 되는 거였다. 그래도 지금까지도 그날을 떠올리면 혀끝이 달콤해 온다.

초등학교 1학년쯤엔가 마을 상점이 냉장고를 들여왔다. 그 후로는 더 이상 "아이스케키~" 하고 외치는 아저씨를 기다리지 않고도 사계절 아이스크림을 먹을 수 있게 됐다.

지금도 가끔씩 일이 피곤하거나 사람 관계에서 주눅이 들 때면 어릴 때 당돌했던 모습을 떠올리면서 아이스바를 사먹곤 한다. 임신해서 당 수치가 올라가 있었을 때도 가끔 아이스바를 한입 먹고 남은 건 추억과 함께 다시 냉동실에 넣어 두곤 했다.

아이 데리고 중국에 갔을 때 기회가 되면 '아주 시원한' 아이스크림을 혼자서 사 먹게 해 봐야겠다.

"워야오 쭈이량더(차가운 거 주세요)."

'특소特所'와 '들삽野鍬'

연변에 사는 친구 아이는 조선족 초등학교를 다닌다.

요즘 조선족 학교에서는 우리 때와 달리 중국말은 한족 선생님들이 가르친다고 한다. 안 그러면 학부모들이 아이들 어릴 때부터 한족 학교로 보내기 때문이라나. 그만큼 연변에서도 중국어의 필요성이 커졌다는 얘기다. 하지만 너무 어릴 때부터 한족 학교를 가면 애들이 집에서 조선족 말을 안 한다. 그렇게 되면 한족 말을 잘 못하는 할머니 할아버지랑 대화가 안 되기도 한다.

연변 조선족자치주 정부는 사라져 가는 조선족의 풍습과 언어를 지키기 위해 연변 청년 재유입, 다자녀 가족 학비 면제, 의료비 할인 등 정책을 펴고 있다. 공익 문화 사업도 많이 지원한다. 2017년 겨울에 신분증이 만기가 되어 연장하러 들어갔을 때는 연변민속거리를 조성하고 있었다(후에 무산됨). TV의 조선말 채널에 운영비를 지원하고, 조선족 드라마나 영화를 촬영할 때도 지원을 해 준다.

한국은 아이를 많이 낳게 하느라 골머리를 앓지만, 중국은 1982년부터 2015년까지 한 자녀가 원칙이었다(2016년부터 두 자녀). 그래도 소수 민족은 예외다. 내가 초등학교 졸업할 때까지는 네 살 터울로 둘째를 낳을 수 있었는데 그때도 내가 다닌 조선족 학교 학생 수는 점점 줄어들고 있었다. 2012년부터는 부모 중 한 명이라도 조선족이면 둘째는 15개월까지, 셋째는 30개월까지 나라에서 보조금이 나온다. 조선족 인구가 그만큼 줄어들고 있다는 얘기다.

우리 때 조선족 학교에서 한어(중국어)를 가르치는 선생님들은 조선족이었다. 일주일에 매일같이 수업이 있는 것도 아니었다. 물론 조선족 학교를 다닌다고 해서 중국어 대화가 안 되는 건 아니지만, 앞으로 중국에서 문서나 서류를 잘 보려면 중국 학교를 다녀야 하겠다고 생각한 부모님은 나를 한족 중학교에 진학시키기로 했다. 중국 중학교를 가려면 말도 새로 배워야 하고, 성적도 올려야 했다. 그래서 1년을 내려앉아 한족 초등학교 6학년을 다시 다니기로 했다.

그동안 친하게 지냈던 친구들하고 떨어져 지내야 하는 것도 힘들었고, 또래 친구들보다 초등학교를 1년 더 다녀야 돼서 쉽게 받아들여지지 않았다. 그래도 긴 앞날을 생각하면 1년이란 시간이 별것 아니라는 아빠의 설득에 섭섭한 마음을 애써 누그러뜨렸다.

한족 초등학교 6학년 수업 내용은 거의 다 조선족 학교에서 배웠던 내용이라서 처음엔 한족 학교 생활을 우습게 생각했다. 하지만 확연히 다른 분위기 속에서 당황스러운 일이 적잖이 터져나왔다. 공부를 잘하고 못하고는 나중 일이고, 당장 일상 용어와 생활 습관에 적응하기가 힘들었다.

한족 학교에 입학한 첫날이었다. 반 친구들의 얼굴도 생소했지만 수업을 진행하는 패턴도 조선족 학교랑은 사뭇 달랐다. 조선족 학교에서는 질문을 할 때 서서 하는데, 여기서는 선생님이 지명하기 전까지는 앉아서 손을 들고 질문을 했다. 조선족 학교는 복도에서 무조건 우측통행이었는데 한족 학교 복도는 그런 원칙이 없는 것 같았다.

같은 동네 학교인데 인사하는 방식까지 다를 줄은 몰랐다.

조선족 학교에서는 아침에 선생님을 처음 뵈면 90도로 경례를 올리고, 두 번째 마주칠 때부터 '소선대원' 인사를 한다. 그런데 한족 학교에서는 90도 경례가 없었다. 지나가면서 눈 마주치고 고개만 까딱하면 그만이었다.

중국은 새 학년이 8월에 시작한다. 8월에 소학교 입학하고 일 년 지나 다음해 6월 1일이면 소선대(少先隊, 중국소년선봉대中國少年先鋒隊)에 가입한다. 소선대원이 되면 그때부터는 '훙링진(紅領巾)'이라는 빨간 삼각 두건을 목에 매고 등교하고, 인사도 오른손 팔꿈치를 굽힌 채 손을 머리 위로 쳐들어 손바닥을 보이는 '소선대원 경례'를 한다. 지금이야 오랜만에 조선족 친구끼리 만나면 반 장난으로 소선대원 경례를 흉내 내 인사하기도 하지만, 처음 중국 학교 갔을 때만 해도 90도 경례 없는 분위기가 낯설기만 했다.

첫날부터 달라진 환경에 얼떨떨해 있는데, 수업 중에 갑자기 화장실이 가고 싶었다. 그런데 그때까지 조선족 학교에서 배운 한어문(중국어)에서 '화장실'을 배운 적도 없고, 일상생활에서도 화장실을 중국어로 말할 기회가 없었다. 수업이 끝날 때까지 참았다가 가야 하나…. 다행히 나보다 먼저 한족 학교로 전학 온 조선족 친구가 반에 있어서 낮은 목소리로 물어보고, 과감하게 손을 들었다.

"터쒀!"

선생님이 얼른 못 알아들었는지 한참 동안 민망할 정도로 나를 빤히 보더니,

"아, '처쒀'! 얼른 다녀와요."

반 친구들의 웅성거림을 뒤로 하고 교실을 나서자마자 뒤에서 웃음이 터지는 게 들렸다. 뭐가 잘못됐지? 화장실을 그렇게 부끄럽게 가기는 처음이었다.

알고 보니, 수업 중이라 친구랑 작게 말하느라 커뮤니케이션에 에러가 난 것이다. '처쒀(厠所)'라고 할 것을 '터쒀(特所)'라고 해 버린 것이다. 그 뒤로 짓궂은 남자애 몇 명은 별명처럼 나를 '터쒀'라고 불렀다. 나는 그럴 때마다 걔네가 알아듣지 못하는 조선족 말로 맞장구치면서 놀려 주긴 했다. 지금도 화장실을 보면 그때 생각에 웃음이 절로 나온다.

조선족 학교에서는 봄 야영을 갈 때 선생님들이 장소를 정하면 애들은 따라가기만 하면 됐다. 그런데 인원이 적은 한족 학교에 와 보니 운동대회도 반급 학생들끼리 결정을 하고 선생님한테는 전달해 주기만 했다. 봄나들이도 선생님이 두 곳을 골라 주면 학생들끼리 야영에서 뭘 하고 놀지 의논하고 그에 따라 어디로 갈지를 최종 결정해서 선생님한테 알려 주는 식이었다. 선생님은 그냥 뒤에서 지켜보다 애들 의견이 확실하게 정해지면 진행을 도와주는 역할만 했다. 봄놀이 장소도 예를 들어 '가까운 곳', '먼 산 투어' 말고 다른 데 더 가고 싶은 데 있으면 반급 애들끼리 정해서 결과를 알려 달라고 하셨다.

휴식 시간이 되자 학생들끼리 "산은 저번에도 갔으니 이번엔 가까운 데로 가자"는 의견과, "어쩌다 한번 가는 봄 야영인데 굳이 가까운 곳으로 정할 필요가 있겠냐"는 두 가지 의견으로 나뉘어 열기를 띠었다. 나는 두 군데 다 못 가 봤으니 내심 먼 데로 가길 원했지만 말이 짧아 그냥 가만히 있었다.

시장통처럼 열띠게 의논했지만 마지막 수업이 끝날 때까지도 의견은 하나로 좁혀지지 않았다. 수업이 끝날 즈음 선생님이 "봄 야영 장소는 결정이 났나?" 하고 묻자 반 분위기는 바늘 떨어지는 소리가 들릴 정도로 조용해졌다. 이때 누군가,

"새로 온 전학생한테 물어보면 어떨까요?"

난데없이 막중한 책임이 나한테 떨어졌다. 속으론 먼 데로 가고 싶은 생각이 굴뚝같은데, 자칫하면 미움 사기 딱 좋았다. 이도 저도 말고 더 좋은 데를 추천해 주고도 싶었지만, 못 가 본 데를 가고 싶은 마음이 더 컸다. 그래서 과감하게 손을 들고 우렁차게

"산에 가서 봄놀이 합시다!"

하고 외친다는 게 그만

"취산상'예차오'바(去山上野鍬吧, 산에 가서 '예차오' 합시다)!"

라고 해 버렸다. 순식간에 교실이 웃음바다가 되면서

아이들은 뒤집어졌다. 내가 무슨 말만 했다 하면 웃음거리가 되다니….

발음이 비슷해도 성조나 입 모양이 다르면 아예 다른 단어가 돼 버리는 게 중국어의 특징이다. 봄놀이는 '예추이(野炊)'인데 내가 발음이 비슷한 '예차오'(한국 독음 '야초')로 말해 버린 것이다. '예차오'는 심지어 사전에도 없는, 내가 창작한 단어였다. 굳이 번역하면 '들삽'이나 '야생삽'쯤 된다.

그 뒤로 졸업할 때까지 나는 '들삽'이라는 별명을 달고 살았다. '특소'로 시작해서 '들삽'으로 끝난 한족 학교의 1년이었다.

"어디 출신이세요?"

한국은 친자매나 남매가 아니라도 친하면 '언니', '오빠'라고 부른다. 드라마나 영화를 통해 간접 경험은 했지만, 직접 겪어 보니 무척 당황스러웠다. 심지어 나보다 더 나이든 분이 나를 '언니'라고 불렀을 땐 초면인데도 하마터면 반말이 튀어나올 뻔했다.

한국은 처음 만난 자리에서 이름과 나이를 먼저 물어본다. 조선족도 마찬가지다. 높임말과 낮춤말 구분이 있고, 오빠·형·동생 호칭을 정확하게 쓸 수 있기 때문이다.

그런데 중국말은 높임말이 따로 없다. 그래서 처음 만나면 나이보다 성씨부터 물어본다. 그리고 성씨 뒤에 남자면 '○ 선생', 여자면 결혼 여부에 따라 '○ 여사', '○ 아가씨'를 붙여 부른다. 여자들 중에는 여자한테 나이를 물어보면 안 된다는 사람들도 있다. 무심코 물어봤다간 "알고 싶으면 알아맞혀 보세요" 같은 퉁명스런 대답이 돌아올 걸 각오해야 된다.

조금 더 친해지면, 나이 적은 사람한테는 성씨 앞에 '샤오(작을 小)'를 붙여 '샤오○'라고 부르고, 나이 많은 사람한테는 '○ 형', '○ 언니'라고 친근하게 부른다. 그리고 아주 친해지면 애칭을 부른다.

한족 학교로 가면서 6학년을 새로 다니느라 반 친구들보다 한 살 더 많은 걸 걱정했지만, 다행히 한족 아이들은 나이를 별로 따지지 않았다. 무엇보다, 내가 운동을 좋아해서 성격 활발한 애들하고는 금세 친구로 지낼 수 있었다. 당시 〈슬램덩크〉 애니메이션 열풍으로 남자 애들하고는 같이 농구를 치며 친해질 수 있었다.

한 달쯤 지나자 아이들이 나의 이름을 자기네들끼리 막 고쳐서 부르기 시작했다. '허허'라고 부르거나 '아허'라고 부르는 것이다. 조선족 학교에서는 친한 친구끼리는 귀엽게 별명으로 부르지 이름을 이상하게 부르는 일이 없어서, 나를 놀리는 줄 알았다. 하루는 작정을 하고 어색한 중국어지만 볼멘소리로

"그냥 성 빼고 '진허' 이렇게 불러주면 되지, 왜 이름을 이상하게 불러?"

"조선족은 집에서 불러 주는 '작은 이름'이 없어? 우리는 집에서 부르는 작은 이름하고 학교에서 부르는 '큰 이름' 두 가지가 있는데?"

아이들은 오히려 나의 반응이 이해가 안 된다는 듯이 다시 물어본다.

"작은 이름은 또 뭐야? 우리 집에서는 그냥 성 빼고 이름만 불러."

내가 할 줄 아는 중국어가 한정돼 있어서 대화는 매끄럽지 못했다. 애들 말을 알아듣긴 하겠는데, 내가 하고자 하는 말을 잘 전달할 수 없었다. 얼굴에 열이 오르면서 울먹이기까지 하는데, 어려서부터 한족 학교를 다닌 조선족 친구가 끼어들어 오해를 풀어 주었다.

"한족 애들은 학교 들어가기 전까지 집에서 불러 주는 이름이 따로 있어. 그걸 작은 이름이라고 하고, 학교에서 선생님이 불러 주는 이름은 큰 이름이라고 해. 친구들끼리는 친해지면 작은 이름을 불러."

'작은 이름'은 그러니까 아주 친한 사이에 부르는 애칭이었다. 보통은 이름에서 한 글자 따서 반복해서 부른다. 내 이름은 '진하(晉河)'가 한족 발음으로 '진허'니까 '진진(晉晉)' 또는 '허허(河河)'라고 부른 것이다. 어떤 집은 애칭을 따로 지어 주기도 한다.

이후로 나한테도 집에서는 없던 '작은 이름'이 생겼다.

지금은 누군가를 '작은 이름'으로 부를 기회가 많지

않다. 어릴 때 작은 이름으로 서로 부르며 웃고 떠들던 시간들도 추억이 되었다.

사회생활을 하면서 조선족과 한족뿐 아니라 다른 소수 민족 친구들도 사귀어 보니 민족마다, 지역마다 친한 정도에 따라 호칭을 부르는 방법이 다 달랐다. 그래서 여러 민족이 함께 살아가는 게 일상인 중국에서 "어떤 민족이세요?"라고 물어보는 건 상대방을 더 알고 싶고 대화를 이어 나가겠다, 친해지고 싶다는 메시지다. 나도 상대방의 말씨가 표준어가 아니다 싶으면 "혹시 어느 지역 분이세요?" 하고 정중히 물어보고, 나는 조선족이라고 미리 밝힌다. 혹시라도 내가 한족 말 하면서 상대방이 알아듣지 못하는 단어가 나오면 서로 어색해질 수도 있고, 그 지역 사투리가 표준어랑 어떻게 다른지 알아 가는 과정도 대화에 재미를 더해 줄 수 있기 때문이다. 그렇기 때문에 어느 지역 혹은 어느 민족이라고 밝히는 게 오히려 상대방을 더 편하게 할 수 있는 방법이다.

한국도 '지역감정'이라는 말이 있을 정도로 출신 지역을 따진다는 걸 한국에 와서 처음 알았다. 초면에 출신 지역을 물어보는 건 실례일 수 있다는 남편의 설명을 듣고, 이제는 나도 남의 출신 지역을 잘 안 물어보는 편이다. 가끔 내가 "어디 출신이세요?" 하는 질문을 받고 "연변이요" 하고 대답하면 "아~" 하고는 대화가 끊길 때는 차별받는 기분도 들었다. 나도 십대 이후로 중국식이 몸에 배서인지 이제는 나이부터 묻기도 불편하고, 처음 보는 사람한테 '언니', '오빠' 하고 부르는 게 망설여지기도 한다.

상대방과 친해지려고 하는 노력은 어느 사회나 똑같다. 방법이 다를 뿐이다. 몸에 배야 되는 건 시간이 해결해 주길 기다릴 수밖에.

돼지기름

"요리를 왜 돼지기름으로 하지?"

요리하기 좋아하는 남편이 TV 음식 프로그램에 중국 요리 나오는 걸 보면서 넌지시 한마디 던진다.

"돼지기름이 고소하니까!"

돼지고기를 안 좋아하는 내가 당연하다는 듯이 대답한다.

식물성 기름을 주로 사용하는 한국에서 살아온 남편이 궁금해 할 만도 하다.

볶음요리가 많은 중국은 회족(무슬림)처럼 돼지고기를 금하는 민족 아니면 돼지기름이 필수다.

양자강(양쯔강) 북쪽은 날씨가 춥고 일모작이기 때문에 가축도 많이 기른다. 추운 날씨에 당연히 동물성 기름을 많이 먹어 줘야 체온 유지에 이롭고 그게 자연스럽게 음식 문화로 물들어 있다. 그리고 그 맛을 고소하다고 좋게 받아들인다. 반대로 양자강 이남은 날씨가 따뜻하기 때문에 이모작 혹은 삼모작이 가능하고 동물기름보다 유채 기름이나 해바라기 기름을 많이 사용한다. 같은 나라지만 동물 기름은 느끼하다고 느낄 수 있다.

나도 처음엔 우리 지역에서 재배하는 콩으로 짠 콩기름만 먹다가 중국 학교 생활을 하면서 돼지기름에 적응하는 데 2년이란 시간이 걸렸다.

내가 다닌 중학교는 한족 학교라서 기숙사와 구내 식당 음식도 한족 입맛에 맞는 반찬 위주로 나온다. 하루는 점심시간에 늦게 식당에 도착했다. 마무리 준비를 하시던 식당 이모가 무언가를 잔뜩 튀겨 놓은 소쿠리에서 무얼 하나 집어서 나한테 건넸다.

"먹어 봐, 금방 튀겼어."

노르스름하고 바삭한 촉감이 과자 종류 같았다. 아무 생각 없이 입안에 넣자마자 바로 뱉어 버렸다. 얼굴이 저절로 찌푸려졌다.

"이게 뭐예요?"

"돼지비계 튀긴 거. 처음 먹어 봐?"

"네."

나의 표정을 보면서 재밌는지 웃으면서 또 물어본다.

"너 조선족이구나? 조선족들은 돼지기름을 잘 사용하지 않지."

"돼지기름이요?"

고기를 좋아하지 않는 내가 '돼지'비계를 '돼지'기름에 튀긴 걸 좋아할 리가 있나!

"응, 한족들은 돼지비계를 튀겨서 기름을 짜서 그 기름으로 반찬을 볶아."

그동안 학교 음식이 내 입맛에 안 맞은 이유를 그제야 알았다.

고향인 시골 마을에서는 밭에서 심은 콩을 방앗간에 가져가서 기름을 짠다. 다 짜낸 기름을 병에 담아서 집으로 가져와 주로 볶음 반찬 할 때 많이 사용한다. 나는 중학교 들어가기 전까지는 한족도 당연히 조선족처럼 콩기름을 사용하는 줄만 알았지, 돼지기름은 꿈에도 생각 못 했다. 야채를 볶아도 돼지기름을 사용하다 보니 육식을 안 좋아하는 나로서는 도저히 감당하기 힘든 음식 문화였다.

누구의 간섭도 받지 않아 기숙사 생활이 천국만 같던 것도 잠시, 며칠 안 지나서 하루 세 끼 앞에서 철저히 무너져 버렸다. 그렇다고 굶을 순 없는 노릇이라 주말마다 집에 가서 밑반찬을 숙소로 가져왔다. 하지만 냉장고가 없는 기숙사라 일주일 내내 집에서 가져온 반찬을 먹을 순 없었다.

그때부터 나는 빵과 각종 라면을 섭렵하기 시작했다.

당시 그 지역에서 나온 라면은 아마도 종류별로 거의 다 먹어 보지 않았을까 싶다. 중국 라면의 고형 스프에는 돼지기름이 들어가 있다. 2년 동안 돼지기름 들어간 스프를 먹다 보니 가끔씩 돼지기름이 들어간 음식도 뭐 괜찮은 것 같았다. 이렇게 중국 살면서도 중국 음식에 적응하는 데 시간이 좀 걸렸다.

사실 라면도 내가 안 좋아하는 음식이다. 누가 먹자고 하면 모를까, 나 스스로 라면을 끓여 먹는 일은 없다. 하지만 굶으면 뭐든 먹게 되더라는 걸 십대 때 체험하고 나니, 지금은 안 좋아하는 음식은 있어도 안 먹는 음식은 별로 없다.

상해로 일하러 가면서, 남방이라 북방보다 음식이 달다는 얘기는 들었다. 현지 음식을 먹어 보고 싶어서 현지인 직장 동료한테 맛집을 추천해 달래서 갔다. 상해도 한족 고장이니까 당연히 돼지기름을 사용할 줄 알았는데 웬걸, 음식이 담백한 게 내 입맛에 맞았다. 복무원

(서빙 직원)한테 물어보았다.

"이 식당은 혹시 돼지기름 사용하지 않나요?"

복무원은 나를 힐끗 보더니 도도하게 대답했다.

"상하이는 식물 기름 위주로 사용합니다."

멋쩍어 하는 나의 표정을 동료들이 보더니 한 술 더 뜬다.

"상해 사람들은 타지 사람을 무시하는 경향이 있어요. 타지 사람 티를 내면 안 돼요. 타지 사람처럼 보이면 일부러 상해 현지 말로 말하는 사람들도 있어."

표준어(푸퉁화, 普通話) 한다고 나댔다가 코가 납작해졌다. 상해 말 할 줄 모르는 그날 식사가 끝날 때까지 복무원하고 한마디도 더 할 수 없었다.

하지만 상해가 경제 도시다 보니 중국 4대 지역의 특색 있는 요리들을 거의 맛볼 수 있다. 동쪽은 매운맛, 서쪽은 신맛, 남쪽은 단맛, 북쪽은 짠맛이다. 북쪽은 추운 지역이라 맵고 짠 음식을 많이 먹고 술도 도수가 강한 편이다. 따뜻한 남방은 설탕을 많이 쓰는 단 음식 문화이고 술도 북쪽보다 도수가 낮은 편이다. 서쪽 고산 지대는 토질 때문에 결석(結石)이 많이 생겨 예방 차원에서 신 음식이 발달했다고 한다. 동쪽은 바닷가이면서 조금만 내륙으로 들어오면 산이 많고 조미료가 풍부해서 강한 향신료를 쓰는 매운맛 요리가 특징이다. 나는 짠 음식 위주이고 돼지기름을 많이 쓰는 북방에서 남쪽 상해에 왔다. 상해는 담백하고 달달한 음식 문화이고 기름은 돼지기름을 사용하지 않는다.

한국도 요리에 돼지기름을 사용하지 않는다. 하지만 삼겹살집 가서 불판에 김치를 올려 돼지기름 볶음김치로 먹으면 또 별미다. 중국 요리 돼지기름을 신기해 하던 남편도 요즘은 삼겹살 구울 때 나오는 기름에 다른 야채를 넣어서 볶아 먹는다.

연인절 장미꽃

연애 시절 남친과 꽃집 앞을 지난 적이 있다. 특이하게 생긴 가게여서 본능적으로 고개를 돌렸더니 남친이 넌지시 한마디 던진다.

“자기는 꽃 안 좋아하지?”

앞으로 꽃을 안 사 주겠다는 말로 들렸다. 연애할 때 꽃을 못 받아 보면 앞으로도 낭만과는 벽을 쌓아야 할 것 같았다.

“아니! 난 꽃 엄청 좋아하는데! 그러고 보니 아직까지 여보한테 꽃을 받아 본 적이 없네?"

그랬는데도 그날은 꽃을 못 받았다.

그 일이 있은 후, 남친의 친구가 가게를 오픈해서 축하 꽃 사러 함께 꽃집에 갈 일이 있었는데, 이번에도 나한테는 꽃 선물을 해 줄 생각을 안 하는 것이었다. 지금 생각하면 내가 먼저 꽃 선물을 해 줘도 되는데, 굳이 나도 장미꽃 선물 받고 싶다고 투정을 부렸다.

"저기… 장미꽃 나도 받고 싶은데… 언제 사 줄 거야?"

투정 부린다고 사 줄 위인이 아니다. 하지만 약발이 먹혔는지, 그날은 아니고 나중에 장미꽃 대신 장미 화분을 선물받았다.

사실은 장미꽃은 나한테 특별한 의미가 있다.

중국에서는 2월 14일 발렌타인 데이를 '연인절'이라고 한다. 연인들이 함께 쇠는 명절인 만큼 그날이면 길거리에서 연인들 상대로 꽃을 파는 사람들을 종종 볼 수 있다.

연인절은 겨울 방학이랑도 항상 겹쳐 있었다. 중학교 2학년 겨울 방학이었다. 룡정에 있는 한족 친구 집에 가서 방학 숙제를 함께 하고, 딱히 할 일이 없어서 같이 TV를 보고 있었다. 외출했던 친구 어머니가 기분이 한껏 업돼서 돌아오시더니 우리를 보고 "연인절에 꽃 한 번 팔아 보는 게 어떠냐"고 물었다.

처음엔 친구랑 얼굴을 마주보고 우리가 어떻게 꽃을 팔 수 있겠냐면서 웃어넘겼다. 그런데 다음날, 친구가 어머니의 설득에 못 이기고 등 떠밀려서 꽃 원가와 판매 가격을 알아 왔다. 꽃 한 송이에 인민폐 1원(元, 위안, 한화 약 180원), 포장 값까지 하면 원가가 2원이 좀 안 되는데, 포장을 잘해서 연인절에 팔면 한 송이에 최저 10원은 받을 수 있다는 거였다. 마진이 다섯 배, 기회는 일 년에 단 한 번뿐이라…. 지금처럼 방학 때 학원 다니고 스펙 쌓고 하는 시기도 아니고, 중 2면 한창 이것저것 사고 싶은 마음이 샘솟을 때라, 내가 직접 번 돈으로 사고 싶은 걸 마음대로 살 수 있다는 유혹을 떨칠 수 없었다. 그동안 조금씩 모아 온 용돈을 탈탈 털어서 그날로 꽃가게 가서 백 송이를 사 버렸다. 몰빵 투자를 했는데 못 팔면 한동안은 손가락만 빨며 살아야 하니 물러날 곳도 없었다. 우리는 연인절에 비장하게 길가로 나섰다.

한길에 우두커니 서서 용기를 내어 소리를 내 보려 했지만, 한 번도 못 해 본 일이라 창피함부터 몰려왔다. '꽃 사세요'라는 말이 목구멍까지 올라왔다 마른침과 함께 몇 번이나 뱃속 깊숙이 도로 들어가 버렸다. 그렇게 커플 몇 명을 눈앞에서 그냥 지나쳐 버리면서, 저기 가는 인민폐를 내가 놓치고 있다는 자괴감만 들었다. 애꿎은 장미꽃만 내려다보는데, 영하 20도 추위에 꽃들이 변두리가 살짝 변색되기 시작하는 게 눈에 들어왔다. 더 지체했다간 다 얼어 버려서라도 못 팔 것 같았다.

마지막 용기를 내서, 최선을 다해 허공에다 대고 가

날프게 "꽃 사세요~" 하고 소리를 내 보았다. 바람에 흩날려 내 귀에도 겨우 들릴까 말까 했지만, 그래도 그렇게 한마디 내뱉고 나니 왠지 모를 힘이 스멀스멀 생겨났다.

"연인절인데 꽃 사세요~"

다시 한 번 용기를 내어 아까보다 큰 소리로 불렀다. 추운 겨울 얼어붙은 눈길 미끄러질까 봐 행인들 중엔 내 소리에 귀 기울이는 사람이 없었다. 바람은 날카롭고 길은 꽁꽁 얼어붙고, 발은 시리고 입은 얼어서 말도 잘 안 나오고, 손도 이미 감각이 무뎌졌다. 와중에도 혹여 아는 친구를 만나지 않을까 걱정도 됐다. 사 놓은 꽃을 오늘 안에 다 팔아야 되는데, 한 시간이 지나도록 한 송이도 못 팔았다. 이대로라면 돈 버는 건 고사하고 있던 용돈까지 다 날리게 생겼다. 휴대폰이 없던 시절이라 흩어져서 장사하는 친구의 소식도 알 수 없었다. 혹시 나만 못 팔고 있는 건 아닌지…. "창피함만 무릅쓰면 돈 벌 수 있는 기회다"라던 친구 어머니 말씀이 귓가에 맴돌았다. 창피함은 서서히 내려가고 오기가 슬슬 발동하기 시작했다.

"연인절인데 꽃 사세요~"

커플들이 지나갈 때마다 내 목소리 맞나 싶을 정도로 우렁찬 소리를 내기 시작했다. 현실을 직시하고 적극적으로 얼굴에 활기를 띠니, 신기하게도 꽃이 한 송이 두 송이씩 팔리기 시작했다. 서너 송이 팔고 나니 어린 마음에도 원가와 마진이 머릿속에서 자동 계산되면서 웃음주머니가 흔들거리기 시작했다. 친구들이 볼까 걱정하던 마음도 서서히 옅어져 갔다.

오후부터 시작한 꽃 장사가 해질 무렵이 되니 이제 열 송이밖에 남지 않았다. 원가는 진작에 다 뽑았고, 나는 어느 새 꽃 파는 게 재미있어지고 있었다. 자랑하려고 친구와 중간에 잠깐 만나서 체크를 해 봤더니 나랑 매상이 비슷했다. 마지막 남은 열 개를 내가 더 빨리 팔아 치우고 싶어졌다.

추운 겨울이라 해도 일찍 지고 길가에 인적이 드물어

룡정 한민족 정착지의 기원 설화가 스민 룡두레 우물(위)과, 중고등학교 때 매일 건너 다닌 룡문교. 이 책을 위해 연변 사는 친구 박은희가 직접 가서 찍어 보내 줬다.

서, 나머지 열 송이를 다 파는 건 무리였다. 룽정의 용 마크 있는 근처에 미식거리(먹자골목)가 있는데, 저녁이면 사람이 많이 다니는 걸 봤던 게 떠올랐다.

아니나 다를까, 미식거리 앞에 오자마자 세 송이가 한꺼번에 팔려 나갔다. 오후 몇 시간 고생했던 게 억울할 정도로, 30분 만에 마지막 두 송이만 남고 다 팔려 나갔다.

'이제 두 송이만 팔면 따뜻한 온돌이 있는 집에 가서 오늘 번 돈을 세면서….'

꽃 장사 1일차 관록으로, 커플들뿐만 아니라 그냥 지나가는 사람한테도 꽃을 내밀 정도로 얼굴이 두꺼워졌다. 지나가는 남자 두 명 앞에 마지막 두 송이를 내밀었다.

"꽃 사세요, 연인절은 꽃 선물이 최고입니다."

연인 사이가 아닐 두 남자가, 내가 갑자기 들이민 장미꽃을 보고 걸음을 멈췄다. 그중 한 명이 무서울 정도로 쏘아보듯 나를 내려다보다가 안주머니에서 20원을 꺼냈다.

"꽃 값은 줄 테니, 추운데 여기서 이러지 말고 빨리 집에 돌아가거라."

얼굴과 말투는 정색을 했지만, 등 떠미는 손길은 따스했다. 그 모습에 나는 돈을 받을까 말까 몇 초 동안 고민을 했다. 고마운 마음에 울컥도 했다. 그분은 기어코 나한테 돈을 쥐여 주었고, 꽃은 받지 않았다. 나는 기어이 다른 사람들한테 두 송이를 마저 팔았다.

지금도 장미꽃을 보면 그때가 생각나서 혼자서 피식거릴 때가 있다. 엄동설한의 장미꽃은 용돈을 벌기 위한 것이었지만, 따스함의 기억도 함께 묻어 있다. 추워서 발을 동동 구르면서 누군가가 어서 사 주었으면 하는 마음을 누구보다 더 잘 알아서인지, 장미꽃이 보이면 사야 된다는 강박관념 같은 게 생겨 버렸다. 편견을 당하거나 내가 편견으로 남을 바라본다고 느낄 때면 그때 그분한테 감사했던 마음이 불쑥불쑥 일어나서 다시 한 번 나의 생각을 정리하게 된다.

남친한테 장미 화분을 받은 건 봄이었다. 손수 분갈이를 해서 베란다에서 가꾸었더니 일 년을 피고 지고 다음해에 또다시 꽃을 냈다. 그렇게 장미가 살아 있는 동안은 다시는 꽃 사 달라는 말을 하지 못했다.

남친은 아주 경제적인 꽃 선물을 한 거였다.

공부 말고 연애를 했어야

친구들과 중고등학교 이야기를 하면 나는 벙어리가 된다. 학교 때 땡땡이도 치고 어른들 몰래 연애도 하는 등 '재미있는 탈선' 얘깃거리가 많은 친구들과 달리, 나는 줄창 공부만 열심히 했기 때문이다.

중국어 기초도 없이 중학교로 올라가서 무조건 높은 점수를 원했던 나는 단기 목표로 중국어를 대했다. 한족 학교에서 조선족으로서 홀로 버티면서 학과목으로 중국어를 배우는 게 제일 큰일이었다.

중국어는 한평생 배워도 다 익히지 못한다는 말이 있다. 한평생 태어난 나라말을 다 못 배우고 죽다니, 한편 억울하지만, 항상 배워야 된다는 자세로 제 나라 말을 대한다는 것은 매력적이기도 하다. 하지만 유치원 때부터 유명한 당나라 시집을 떼고 천자문을 줄줄 외우는 한족 애들하고 나는 시작부터 달랐다. 시작도 하기 전에 지는 기분이랄까?

수업에서 외우기 과제를 내 주면 나는 잠들기 전까지 외우고 또 외워도 다음날이 되면 처음부터 다시 외워야 될 정도로 머리에 남는 게 없었다. 문장을 이해하고 해석해야 외워지는데, 독해 기초가 짧은 상태에서 무작정 외우려고 하니 여간 힘든 게 아니었다. 기껏 외워 놔도 이해하고 외운 게 아니라서 또 금방 잊어버린다. 수업 중에 일어나 외우라고 하면 머리가 백지장이 돼 버리기 일쑤였다. 나는 수십 번을 읽어도 이해가 잘 안 되는 문장을 한족 애들은 몇 번만 읽고 바로 외울 수 있다는 게 신기하기까지 했다. 한창 부끄러움 많이 타고 예민할 나이에 자신감이 축축 처져만 갔다.

그래도 지는 게 죽기보다 싫은 십대라서, 무작정 시간을 투자해서 미련할 정도로 노력을 했다. 야자 끝나고 자취방에 돌아오면 새벽까지 읽고 또 읽고, 이해가 안 되는 부분은 다음날 학교 가서 한족 애들이 싫어할 때까지 붙잡고 물어봤다. 물론 학교에 나 같은 조선족 친구들도 많았지만, 중국어에 목이 말라서 한족 애들하고만 친구로 지내려고 했던 나는 친구보다 공부가 우선이었다. 마음을 나눌 친구가 필요한 시기에 나는 성적을 선택했다.

그렇게 노력한 결과, 반급에서 나는 성실과 노력의 아이콘으로 등극했다. 하지만 남들보다 배로 노력을 해야 간신히 유지되는 성적은 나한테 부담으로 다가오기 시작했다. 전투적으로 집요하게 물어봐도 이해가 안 될 때면 무력감을 느끼기도 했다. 놀면서도 성적을 유지하는 애들이 부럽고, 공부를 안 하고 시간 때우면서 노는 애들이 나보다 더 즐거워 보였고, 다른 애들이 오락실

2012년 한국으로 떠나오기 전, 룡정의 상징 용 마크 앞에서.

을 다니면 나도 가고 싶었다.

담임선생님은 한족 학교에 전학해 와서 일찌감치 공부를 포기한 조선족 친구들에게 동기 부여를 시켜 주기 위해 나를 부반장을 시켜 주었고, 일 년 뒤에는 반장을 시켰다. 공부가 힘들어서 포기할까 말까 고민까지 하던 시기에 그런 직책은 공부를 더 열심히 하라는 소리로 들렸다.

잘해 보겠다는 생각도 잠시, 무엇보다도 아직까지 한족 말이 유창하지 않아서 반급 애들을 이끌어 가는 데 한계가 느껴졌다. 어린 마음에 실력보다 높은 직책이 감당이 안 됐다. 언젠가부터 부담된다는 생각이 더 커지기 시작했다.

하루는 선생님한테 가서 반장을 그만두겠다고 자청했다.

"반장을 그만 하려고 해요."

담임 선생님의 얼굴을 쳐다볼 수 없었다.

"왜?"

"힘들어요."

"이유 없이 그만두는 건 안 돼."

단호하셨다. 힘든 건 그만둘 사유가 못 된다는 말이다. 반장 된 것도 떠밀려서 얼떨결에 된 것처럼 그만두는 것 또한 내 맘 같지 않았다.

"힘든 거 이야기하면 선생님이 도와줄게."

말씀은 고마웠지만, 내가 기대했던 나의 모습이 아니라서 적잖게 방황했다. 그렇게 중학교를 마치고 고등학교로 올라와서는 모든 직책을 피했다.

그렇게 공부만 했는데도 고등학교 2학년이 되니 나의 성적으로는 내가 원하는 대학을 못 간다는 견적이 나왔다. 어중간한 대학보다는 기술을 배울 수 있는 대학이 낫겠다 싶어서, 어릴 적 시작했던 미술에 다시 본격적으로 전념해서 미대를 가려고 마음먹었다. 고등학교 마지막 1년은 거의 미술에만 올인했다.

결론적으로 말하면 미대에 가지 못했다. 부모님이 한국으로 오면서 빚을 냈는데 나의 대학 등록금까지 부담

드리기 싫었다. 마음이 아팠지만, 힘든 가정형편에 대학 공부가 마음이 편할 것 같지 않았다.

내가 한 선택이니 후회는 없다. 그런데, 여유가 좀 생긴 지금 나는 왜 미술을 다시 시작할 마음이 생기지 않을까?

지금 생각하면, 중고등학교 그 시절에 나는 반장도 말고 공부도 미술도 말고, 연애를 했어야 했다.

어린 나이에 너무 치열하게 공부만 하다 보니 연애 한번 못 해 본 게 후회된다. 너무 치열하게 보낸 십대라 돌아가고 싶지도 않지만, 그래도 그때로 돌아갈 수 있다면 풋풋한 학창 시절 연애는 한번 해 보고 싶다.

몸무게 백 근

K 팝에 이어 한국의 메이크업 열풍이 중국에도 불었다. 한국은 메이크업 학원이 이미 포화 상태였지만 2009년 당시 중국은 아직 초창기 단계였다. 발 빠른 한국 메이크업 강사들이 중국 시장의 가능성을 보고 처음 진출하던 시기다.

상해에서 부업으로 메이크업 학원에서 한중 통역을 했다. 처음에는 한국말하고 조선족 말은 비슷하니 당연히 서로 알아들을 수 있다고 생각했다. 하지만 통역을 해 보니 나의 연변 사투리를 강사님이 거의 못 알아들어서 난감할 때가 많았다. 일 년 넘게 호흡을 맞추고 나서야 서로의 언어를 겨우 알아들을 수 있었다. 처음에는 도무지 알아듣기 어렵던 전문 용어들도 호흡을 맞추다 보니 슬슬 적응이 되었다.

그렇게 헷갈리던 조선말과 한국말의 표현 차이에도 어느 정도 익숙해지면서, 이제는 통역도 별로 어렵지 않다는 생각마저 들 무렵이었다. 하루는 점심시간에 친한 강사님과 도시락을 먹는데 강사님이

"자기는 먹는 거에 비해 뚱뚱하진 않다."

일 년 정도 통역 호흡을 맞추다 보니 농담도 주고받게 된 사이였다. 강사님은 채식 위주로만 식단을 짜던데 나는 평소에 하루 세끼를 꼬박 챙겨 먹고 간식거리도 끊이질 않는 걸 눈여겨봤나 보다. 왕복 두 시간을 지하철 타고 다니고 저녁마다 헬스를 두 시간씩 하고 집에 들어가던 시절이라 먹는 것에 비해 확실히 뚱뚱하지는 않았다.

“몸무게가 어떻게 되는지 물어봐도 괜찮지?”

“저는 제 몸무게가 궁금하지 않아서 잘 모르겠어요.”

“대충 어느 정도인지만?”

강사님은 눈을 찡긋하면서 집요하게 물었다.

“정확히는 모르겠는데… 백 근 좀 넘을걸요.”

강사님 표정 관리가 안 되는 게 보였다.

“생각보다 무겁죠?”

몇 초 동안 정적이 흐르다, 눈만 껌뻑이던 강사님이

“백 근이면 몇 킬로야?”

“한 근이 0.5킬로니까 백 근이면 50킬로 아닌가요?”

당연한 걸 물어보니 놀리는 줄 알았다. 초등학교 수학 갖고 테스트 받는 기분이라 퉁명스럽게 대답했다.

다시 몇 초 동안 말없이 웃음을 참던 강사님이 더 못 참고 깔깔 웃는다.

“미안, 미안. 웃어서 미안한데… 몸무게를 근으로 들어 보기는 처음이라 그래.”

몇 번이나 더 사과를 하고는,

"한국은 몸무게는 킬로로 얘기하고, 마트에서 고기 살 때나 근으로 계산해. 그리고 한국은 고기 한 근은 600그램이고 야채 한 근은 375그램이야."

마트에서 파는 고기를 나랑 겹쳐서 생각했다니, 나도 웃음이 나와 버렸다.

"중국도 킬로를 쓰지만 말할 때는 근으로 환산해서 이야기해요. 그리고 고기나 야채나 한 근은 모두 0.5킬로예요."

중국에서도 킬로그램 단위가 표준이지만 일상에서는 근을 더 많이 쓴다. 시장을 가면 채소나 고기나 다 근 단위로 가격을 매기고, 친구들끼리 몸무게를 얘기할 때도 근 단위로 말한다. 당연히 한국에서도 중국처럼 근과 킬로를 호환으로 쓰는 줄 알았다.

한국하고 중국은 가까운 나라이니 언어만 다를 뿐 생활은 거의 비슷하다고 생각했는데, 물건을 사는 기본 단위부터 달랐다. 같은 언어를 사용한다고 당연히 알아들을 것으로 생각한 짧은 견해, 가까운 나라라고 습관도 같을 거라고 생각한 게 안일했다. 같이 한바탕 웃긴 했지만 씁쓸한 기분은 감출 수가 없었다.

'아, 강사님이 자꾸 내 말이 잘 이해가 안 간다고 한 게 다 이유가 있었구나!'

연변에서는 두 언어 사용이 일상이다. 연변에 사는 한족은 조선족 말을 거의 알아듣고 조금씩 할 줄 알고, 우리 조선족도 한족 말을 알아듣고 조금씩 할 줄 안다. 그래서 연변에 있는 한족과 조선족이 대화를 하면 오리지널 중국어도 아니고 우리 조선족 언어도 아닌 짬뽕 언어가 되지만, 서로는 기가 막히게 잘 알아듣는다. 중국어를 잘 못하는 할머니가 기본 조선말에 중국 단어 하나만 넣어서 한족과 대화를 해도 상대는 찰떡같이 알아듣는다. 같은 환경에서 생활하다 보니 짐작으로라도 알아듣게 되는 것이다.

이런 환경에서 살아서인지, 한국어에 연변 사투리 웬만큼 섞여도 한국 사람들이 잘 알아들을 거라 생각했

상해에서 메이크업 학원 통역할 때, 야외 보디 페인팅 대회에 모델이 부족해 친구 은실(오른쪽)이 대신 나섰는데 덜컥 2등을 먹어 버렸다.

다. 하지만 조선족들과 거의 접촉이 없는 한국 사람들이 조선족 사투리나 중국의 생활을 알 리 없다. 당연히 알 거라고 생각한 내가 문제였다.

중국은 땅덩어리가 넓은 만큼 지역마다 현지 언어가 따로 있다. 같은 글자를 쓰고 말도 표준어로 통일했지만, 내가 직장생활을 한 상해 말은 거의 외국어 수준이다. 고향에서 표준 중국어를 배웠지만 또 새로운 언어에 적응해야 했다. 현지인들끼리 하는 대화를 못 알아들을 때면 다른 나라 사람 취급받는 느낌도 들었다. 그런 중국 안의 수많은 '다름'을 받아들이는 시간과 과정이 나한테도 필요했었다.

이제는 한국에 적응할 차례다. 한국어를 안다고 자부했지만, 나의 기본 생활 방식은 중국식이다. 중국에서 태어난 내가 한국어를 조금 한다고 한국을 잘 아는 게 아니다. 처음엔 한국어를 한국인처럼 하면 한국을 아는 거라고 생각했지만, 한국어는 한국을 알아 가는 열쇠일 뿐이다. 이 열쇠로 마음의 문을 열어야 비로소 그 나라의 지혜가 보이기 시작할 것이다. 그리고 그 문을 여는 데도 시간이 필요할 것이다.

한국에 온 지 어느 덧 8년이 넘었다. 그래도 아직은 체중계에 올라가면 킬로로 뜨는 몸무게를 근으로 환산하는 습관이 남아 있다.

가끔 병원에 갔을 때 "몸무게하고 혈압 적어 오세요" 하는데 혈압 찍힌 종이만 들고 돌아올 때가 있다. 간호사가 다시 "몸무게 어떻게 되세요?" 하고 물어보면 무심코 "백…" 하고 근으로 대답하려다 혼자 흠칫하곤 한다.

놀라기는 간호사도 마찬가지다.

"… 아니, 50킬로요."

아, 지금은 백 근 넘는다.

마라탕녀, 신라면남

"살면서 말아(마라) 먹어 본 적 있니?"

치킨 광고에서 전지현이 시크하게 한마디 던진다.

"당연하지! 마라탕!"

나도 모르게 대답이 튀어나왔다. 중국인이면서 중국 음식 체질이 아닌 내가 거의 유일하게 좋아하는 중국 음식이 마라탕이다. 옆에 있던 남편이 콧방귀를 뀌더니 한마디 던진다.

"나도 한번 해 줘, 마라탕."

마라탕은 한국의 샤브샤브(사실은 이것도 북방 음식인데)와 비슷하다. 끓는 육수에 취향에 따라 야채나 고기를 넣어 데쳐서 국물과 함께 먹는 잡탕이다. 한국식 샤브샤브랑 결정적으로 다른 점은 국물에 있다. 마라(麻辣)의 '마(麻)'는 얼얼하다, '라(辣, 랄)'는 맵다는 뜻이다. 말 그대로 얼얼한 매운맛 베이스의 국물이다. 내가 중국에서 제일 자주 먹었던 서민 음식 중 하나고, 한국에 와서 제일 먹고 싶었던 음식 중 하나이기도 하다.

마라탕은 중국 내륙 지역에서 강을 따라 짐을 운반하는 선부(船夫)나 강 옆에서 배 끄는 인부들이 즐겨 먹던 음식이라는 설이 있다. 이동을 많이 하는 직업 특성상 쉽고 간편하게 끼니를 해결하기 위해 만들어진 음식이다. 냄비에다 국물 넣고 불 지피고 그 지역에서 나오는 각종 재료들을 잡탕으로 넣어 주면 끝이다. 몽골 같은 북방에서 왔대도 마찬가지다. 말 타고 유목 하니까.

한국에서 맵다는 청양 고추의 매운맛은 마라탕의 마

라하고는 또 매운맛이 다르다. 청양 고추가 혓바닥을 강타하는 매운맛이라면, 마라는 매운 고추에다 후추와 여러 가지 조미료를 섞어서 얼얼하면서도 머리가 마비되는 느낌이 드는 매운맛이다. 그래서 처음 한국에 왔을 땐 마라탕을 먹으려면 일부러 서울 대림동까지 가야 했다. 윤계상이 나오는 영화 〈범죄도시〉의 그 대림동이다. 다행히 요즘은 집 근처에도 제대로 마라탕을 하는 중국 음식점이 생겨서 이제는 먼 길 가지 않고도 먹을 수 있게 됐다. 아, 마라탕을 좋아하지만 만들 줄은 모르기 때문이다.

중국에서는 흔한 서민 음식 중 하나인 마라탕을 좋아하는 이유는, 힘들 때 배불리 한 끼 잘 먹게 해 준 고마운 음식이기 때문이다. 친구들과 함께 웃으면서 재밌게 먹었던 추억들을 떠올리기 위해서이기도 하다.

중국에서 먹은 음식 중 또 하나 그리운 건 연변 냉면이다. 무더운 여름철에 고향에서 가족들과 나란히 앉아서 머리를 맞대고 별미로 먹던 기억을 소환해 주는 정겨운 음식이다. 고향에서 먹었던 연변 냉면의 그 맛을 찾으려고 몇 시간 거리를 마다 않고 연변 냉면집을 찾아다닐 정도였다. 한번은 남편도 같이 갔는데, 맛있긴 하지만 자기 스타일은 아니라고 한다.

다행히 청국장이나 된장찌개도 어릴 때 연변에서부터 좋아해서 한국에 와서도 별 탈 없이 하루 세 끼 잘 챙겨 먹고 있다.

남편은 라면을 좋아한다. 집에 각종 라면이 끊겨 본 적이 없다. 다 먹었나 싶으면 또 어딘가에서 라면이 나온다. 새로운 라면이 출시되면 꼭 먹어 본다. 정통 국물 라면 말고도 비빔면, 짜장면, 수타면…. 닭도 '1일 1닭'으로 좋아하는 남편이지만, 라면도 날마다 먹으래도 먹을 수 있단다.

매운 음식 좋아하는 남편은 라면 중에서도 신라면을 좋아해 세일 하면 무조건 카트에 집어넣는다. 내가 너무 많다고 뭐라고 하면 어차피 언젠가는 다 먹을 수 있단다. 한 번에 두 개는 기본으로 먹으니까 말인즉슨 맞지만, 내 기준으로는 별로 좋지도 않은 음식을 너무 많이 먹는 것 같아서 살짝 걱정되기도 한다.

라면을 끓이면 꼭 나한테 시식을 권한다. 한번은 신라면에 청양 고추까지 넣어서 더 맵게 끓여 놓고 나보고 먹어 보라고 한다. 매운 냄새가 코를 찌를 정도였지만 먹어 보니 의외로 감칠맛 돌게 맛있었다. 연신 칭찬을 해 주었더니,

"마누라는 내가 끓여 준 신라면이 맛있어, 아님 마라탕이 맛있어?"

"마라탕!"

0.1초도 망설이지 않고 대답했다.

"나는 마라도 좋아하는데, 청양 고추 매운맛이 더 좋아."

한국 음식은 조선족 음식과 기본적으로 비슷하긴 하지만, 그래도 가끔씩 중국 음식이 생각 날 때가 있다.

코로나로 예전 같지 않다지만 워낙 맛집 천국인 한국에서 나는 굳이 중국 친구들을 불러내서 중국 음식점을 찾아다닌다. 고향 음식을 먹으면서 고향 이야기를 하는 건 한국 와서 한국인과 결혼한 나에게는 특별한 이벤트다. 많이 맛있게 먹는 것보다, 자주 먹던 음식을 같이 먹어 주면서 내가 하는 이야기를 찰떡같이 알아듣고, 갑자기 연변말과 중국어가 튀어나와도 매끄럽게 이야기가 오가는 데 편안함을 느낀다.

한국 음식만 고집하지 않고 맛있는 음식은 다 사랑하는 남편은 나랑 마라탕도 함께 먹으러 가고 연변 냉면도 함께 찾아다니면서 먹는다. 하지만 마라탕을 좋아하는 마누라, 청양 고추가 더 맛있고 마라탕보다 신라면을 더 좋아하는 영감이다. 살아온 세월만큼 입맛도 많이 다른 걸 서로 존중해 주기로 했다.

마라탕 좋아하는 여자와 신라면 좋아하는 남자가 만나서 이렇게 서로의 문화를 알아 가면서, 오늘도 우리는 각자의 그릇에 자신이 좋아하는 음식을 담아 새로운 밥상을 만들어 간다. 같은 밥상에 앉아서, 아이를 사이에 두고, 가정이라는 반찬으로.

강남 스타일

"왜 '오빤 강남 스타일'이에요?"

중국에서 온 사람들한테서 이런 질문을 받으면 '아! 맞다. 강남 스타일이 다르지!' 하고 새삼 실감한다.

한국에서 강남은 서울에서도 한강 이남이고, 부티 이미지다. 중국에서 강남은 양자강 이남인데, 중국의 수도권인 북경(베이징)-천진(톈진)에서는 한반도 길이보다 더 멀다. 전통적으로 강북은 강건한 이미지, 강남은 우아한 이미지다. 역사 인물들을 봐도 장군과 학자들은 강북 출신이 압도적으로 많지만 시인들은 강남 출신도 많다. 하지만 스타일로 말하자면 무역 왕래가 빈번한 강북의 해변 도시 오빠들이 더 세련됐고, 그에 비해 강남은 어딘지 촌스럽다. 중국 오빠의 '강남 스타일' 하면 얼른 떠오르는 이미지가 한국 오빠의 강남 스타일과 다를 수밖에.

"중국말은 왜 싸우는 것처럼 들리죠?"

한국 사람들한테서 자주 받는 질문이다. 성조(聲調)가 있는 중국말이 한국 사람한테는 강하게 들릴 수 있다. 억양이 부드럽고 대화가 거의 소곤소곤 수준인 한국어와 달리 중국어는 정확한 성조로 힘주어 말해야 뜻이 제대로 전달되기 때문에, 한국 사람들은 억양을 듣고 공격적이라고 생각할 수 있다. 충청도 남편은 경상도 억양이 세다고 하는데, 중국어 성조는 경상도 억양보다 훨씬 심하니 말이다.

중국에 살 때, 중국 사람들은 내가 조선족이고 한국말을 알아들으니 한국에 대해서도 당연히 잘 알고 있을 거라고 생각한다. 하지만 한국에 가 보지도 못한 내가 알면 얼마나 안다고? 시원한 대답을 못 해 줘서 "한국말도 잘하면서 왜 이런 건 몰라?" 하는 말을 여러 번 들으면 의기소침해진다.

한국에 오니, 중국에서 30년 살았으니까 당연히 중국 박사인 줄 안다. 하지만 누가 중국에 대해 물으면 말문이 막힐 때가 많다. 그 넓은 땅덩어리를 속속들이 잘 알지도 못하거니와, 안다고 해도 '한국인 입장에서' 생각해 본 적이 없어 무슨 말로 설명해 줘야 할지 몰라서다.

중국 사람들이 한국에 대해 나쁘게 말하면 나도 기분이 안 좋았다. 나의 선조가 한반도에서 왔기 때문이다. 마찬가지로, 한국 뉴스에서 중국을 나쁘게 말하면 똑같이 기분이 안 좋다. 어쨌든 나는 중국에서 태어났고 중국 국적을 갖고 있기 때문이다. 할아버지부터 위로는 한반도와, 부모님부터 아래로는 중국과 연결돼 있고, 중국에서 나고 자라 중국 국적을 가지고 한국에서 한국 남자와 한국 국적 딸과 살고 있는 나에게 중국과 한국 모두 떼려야 뗄 수 없는 두 나라다. 양쪽에 한 발씩 걸친 나는 이래저래 어중간한 처지다.

온전하게 중국인도, 온전하게 한국인도 아닌 이 어중간함이 오랫동안 불편했다. 남편만 해도 내가 두 나라 언어를 다 할 줄 알아서 좋겠다고 하지만, 나는 이런 어중간함이 없는 남편이 부러울 때도 많다.

처음 한국 와서는 주말에 은행과 약국이 문 닫는 게 적응이 안 됐다. 결혼을 하고 은행과 약국 다닐 일이 많아져서, 이게 남편한테는 어떤지 궁금했다.

"약국하고 은행이 왜 주말에 닫아?"

"원래 그래."

남편은 당연한 걸 왜 물어보냐는 듯, 쳐다보지도 않

고 대답했다. 처음부터 그랬으면 그렇게 대답할 수 있을 것이다. 하지만 나는 자꾸 한국을 중국과 비교하는 습관을 쉬이 버리지 못했다.

어느 순간부터, 불편해 한다고 현실이 바뀌는 것도 아닌데 비교만 하고 있어서는 나의 발전이 없겠다는 걸 깨달았다.

'두 나라를 비교하지 말고, 연결해 보자!'

나는 한국 역사와 오래 뿌리가 닿아 있는 중국 연변 조선족자치주 룽정에서 태어난 조선족이고, 중국 국적을 갖고 한국에 살고 있다. 이도 저도 아닌 '노 아이덴티티(no identity)'가 아니라, 중국인도 되고 조선족도 되고 한국 사람이라고 못 할 것도 없는 다중(多重) 아이덴티티(multi-identity)다. 어중간함이 아닌 '특별함'으로 두 나라, 세 문화를 연결하는 다리가 되고 싶다.

다양한 차이나,
디테일한 코리아

연애할 때 남편의 짙은 눈썹, 그 아래 나를 바라보는 그윽한 눈매가 마음에 들었다.

나중에 알게 됐는데, 배고플 때 탕수육을 바라보는 눈빛도 나를 쳐다보던 눈빛 못지않게, 아니 그 이상으로 그윽하더라.

결혼하고도 남편이 좋아하는 탕수육 먹으러 중국집 데이트를 즐기곤 한다. 한번은 탕수육을 시키고서

"찍먹으로 먹을래, 부먹으로 먹을래?"

뭐지? 나는 그냥 식당에서 주는 대로 먹는데?

"소스를 따로 찍어 먹느냐, 한데 부어서 먹느냐. 지금까지 부먹으로 먹었으니깐 이번엔 찍먹으로 가 볼까?"

남편은 직원한테 탕수육 소스는 따로 달라고 주문하고, 그사이 작은 접시에다 간장이며 식초와 고춧가루를 넣고 즉석에서 소스 하나를 더 창조한다.

"이런 소스는 처음이지?"

"이런 게 있으면 진작 알려주지 왜 이제야 알려줘?"

"부먹 좋아하는 줄 알았지."

남편은 억울하다는 표정으로 목소리 텐션을 높였다.

탕수육과 소스가 나왔다.

"소스를 부어서 먹어도 되고, 내가 만든 간장 소스에 찍어 먹어도 돼. 원하는 대로 들어 보셔."

남편이 만든 간장 소스가 궁금해서 먼저 찍어 먹어 봤다. 내가 알던 탕수육 맛은 아닌데 꽤 신선한 맛이다. 사실 간장을 좋아하는 나는 이제까지 먹던 '부먹'보다 이렇게 간장 소스에 '찍먹'이 훨씬 더 맛있었다.

"이런 맛있는 방법을 이제야 알게 되네!"

튀김요리는 바삭한 게 제맛이라 나는 한국에 흔한 탕수육보다 궈바오러우(鍋包肉)를 더 좋아한다. 궈바오러우는 소스가 탕수육 소스보다 더 강하게 새콤달콤하고, 탕수육처럼 그득 붓지 않아 식감이 더 바삭하다. 그래서 평소 중국집 가서도 내가 탕수육을 별로 안 먹는 걸 본 남편이 '찍먹' 소스를 만들어 준 것이다. 그러고 나서야 드라마나 광고에서 찍먹, 부먹 고민하는 장면이 비로소 이해가 됐다.

한국에 '찍먹'과 '부먹' 탕수육이 있다면 중국엔 궈바오러우와 류러우돤(溜肉段)이 있다. 둘 다 맛과 재료가 비슷한데, 다른 점이라면 궈바오러우는 바삭하고 새콤달콤함을 더 강조하고 류러우돤은 소스가 많고 짠맛을 강조한다. 소스 맛 빼곤 헷갈릴 정도로 비슷한 돼지고기 요리지만 식감이 달라서 음식 이름이 다르다.

연애 시절, 둘이 함께 중국 상해에 여행 간 적이 있

다. 내가 언어가 통하고 길을 아니까 패키지 안 끼고 둘이만 떠났다. 현지 음식을 다양하게 맛보여 주겠다고 호언장담했는데, 결국은 현지 음식은 입맛에 안 맞는다는 결론이 내려졌다.

중국 식당은 메뉴판의 요리 종류가 한국보다 훨씬 다양하고 선택의 폭이 넓다. 타지 사람들은 한 식당에 여러 번 가서 이것저것 먹어 보지 않고서는 첫번에 입맛에 맞는 요리를 주문하기 힘들다. 게다가 나도 아직 남친의 식성을 잘 모를 때라, 나름 그 지역 맛집이지만 하도 많은 메뉴 앞에서 내 기준으로 어림짐작해 이것저것 시킨 게 다 실패한 것이다. 결국은 둘이서 마트에 가서 맥주를 여러 가지로 사서 맛을 비교 분석하면서 한국 슈퍼와 중국 슈퍼의 다른 모습을 품평하기도 했다. 요는 중국은 더 많이, 다양하게 해서 다른 식당과 차별화하고, 한국은 하나라도 더 디테일하게 베리에이션 해서 차별화한다는 것.

2017년 4월, 남친과 함께 처음으로 다시 찾은 상해 여행 때 외탄(와이탄)에서. 이제는 남편이 된 남친에게 세상 무서운 게 두 개 있는데, 바로 뱀과 비행기(고소공포증)였다.

날아다니는 건 비행기만 빼고, 네 발 달린 건 책상만 빼고, 물속에 있는 건 잠수함 빼고 다 먹는다는 중국이다. 그런 만큼 중국 사람도 죽을 때까지 중국 음식을 다 먹어 보지 못한다는 말도 있다. 그런 환경에서 자라다 보니 나는 어떤 음식이든지 그냥 한번 먹어 보자는 주의다. 맛없으면 '내 취향이 아니구나. 그럼 다음엔 다른 걸 먹어 보지' 하면 그만이다. 다양한 중국이다 보니 그러다가 어쩌다 입맛에 맞는 식당이 생기면 한동안은 주구장창 그 집만 가면 된다.

반면에 남편은 '맛없게 만드는 사람은 있어도 맛없는 요리는 없다'는 주의다. 같은 요리라도 이번에 해봐서 맛없으면 다음번엔 조리법을 바꾸거나 소스를 달리해서 만든다. 맛있어질 때까지, 인디언 기우제가 따로 없다. 식당을 가도 이 집은 왜 맛없을까를 연구하고, 더 맛있는 집이 어딘가 반드시 있을 거라고 믿고, 다음번엔 그 점을 고려해 더 나은 집을 기어코 찾아간다. 디테일의 한국이라 과연 누군가는 같은 요리를 더 맛있게 만드는 걸 연구하고 있을 테니.

그래서 내가 얼마 전 갔던 맛집을 또 가자고 하면

“한국에 맛있는 집이 얼마나 많은데! 한곳만 갈 순 없어.”

친구는 역시 조선족

“혹시 너희는 한국 사람들한테서, 조선족은 자기가 중국 사람이라고 생각하는지 한국 사람이라고 생각하는지 하는 질문 받아 본 적이 있니?”

“맞아. 중국과 한국이 축구 경기를 하면 누구를 응원할 건지 물어볼 때 난감하긴 하지. 중국에선 축구 열풍이 한국만 하지 않아서 경기를 챙겨 보지도 않는데.”

“나는 조선족을 설명하자면 말이 길어져서 그냥 그때그때 다른 답이 나와. 우리는 조선족 역사를 따로 배우지도 않았잖아?"

"그리고 어떤 중국 사람들은 우리를 비꼬아 '고려방'이라고 하잖아."

"중국에선 우리 선조가 조선인이지만 다 같은 한 나라라고 하고, 한국에선 우리를 한 민족이라고 하지만 교포라고 부르잖아. 정체성에 혼란이 올 때도 있긴 하다."

중국에서 조선족은 소수 민족으로 불린다. 하지만 언어와 역사를 공유하는 한국에서는 중국인이라고 선을 긋는다.

"우린 한족 학교를 다녔지만, 중국인들과 대화를 하다 보면 한족 말이 많이 부족하단 걸 느끼기는 해."

"한국 사람들하고 역사 이야기 할 때도 그래. 말은 통하는데 한국 역사에 대해 아는 게 없어. 학교 때 공부 안 했냐는 질문까지 받아 봤어."

"중국말을 하든 한국말을 하든 둘 다 잘 못하니깐,

(위) 2006년 8월, 항주 사는 영희 · 은실과 내가 청도(칭다오) 사는 문화네 놀러 가 함께 로산(라오산)에서. 바다 생각만 하고 간 나는 샌들 신고 산에 올랐다. 왼쪽부터 이영희, 이문화, 김은실, 나.
(아래) 2010년, 절강성 이우(義烏)에 사는 미선과 령화가 상해 엑스포 구경 와서, 함께 우리 아지트 은실네 집에서. 왼쪽부터 김은실, 김미선, 장령화, 나.

연변말이 제일 편하고 스트레스 안 받는다."

보통 중국인보다 한국말을 잘하고, 보통의 한국인보다 중국말을 잘하는 우리다. 그래도 조선족 친구들끼리는 그냥 조선족 말이 편하다.

"그래도 중국에서 발전하는 게 외국 나가서 천대받는 것보다 훨씬 낫다."

"우리같이 부모님이랑 친척들 다 외국 간 집은, 중국에 남으면 혼자서 노력해야 되잖아. 외국 따라가면 부모가 있고 친척들도 많아서 서로 의지가 되지."

"그래도 중국이 젊은이들한테 기회가 더 많으니 중국에서 발전하는 게 낫지!"

내 또래 많은 친구들 부모님이 한국이나 다른 나라로 나가서 돈을 벌고 있다. 나는 고등학교 졸업했을 때 부모님만 한국에 가고 혼자 남으니, 같은 처지인 친구들이 나의 유일한 버팀목이었다.

"우리 30대는 어떤 모습일까?"

"30대는 크게 바꿀 수 없겠지만, 40대에는 다들 떵떵거리면서 잘살자!"

20대 후반, 힘들 때 술 한잔 기울이면서 함께 외쳤던 구호다.

중국에 있을 땐 친구 하면 '조선족'이 떠올랐는데, 지금 한국에 와 있으니 친구를 떠올리면 '중국'이란 단어가 더 먼저 떠오른다.

결혼식 때 아빠의 빈자리가 크게 느껴질까 봐 열 일 제치고 중국에서 한국까지 건너와 결혼을 축하해 준 친구들. 항상 같은 입장에서 나와 함께 해 주었던 영혼의 단짝들. 그들과 술 한잔 기울이면서 즐겨 불렀던 안재욱의 〈친구〉를 듣노라면 나의 마음은 어느덧 친구들이 있고 추억이 있는 중국에 가 있다.

괜스레 힘든 날 턱없이 전화해

말없이 울어도 오래 들어주던 너
늘 곁에 있으니 모르고 지냈어 (…)

세상에 꺾일 때면 술 한잔 기울이며
이제 곧 우리의 날들이 온다고
너와 마주 앉아서 두 손을 맞잡으면
두려운 세상도 내 발 아래 있잖니
눈빛만 보아도 널 알아
어느 곳에 있어도 다른 삶을 살아도
언제나 나에게 위로가 돼 준 너
늘 푸른 나무처럼 항상 변하지 않을
널 얻은 이 세상 그걸로 충분해
내 삶이 하나듯 친구도 하나야.

제 3 부

나를 찾아 떠나온 여행

집똑똑이보다 나다니는 바보

"우리 세대는 다른 지역을 가려면 소개서가 있어야만 가능했는데, 너네 시대는 맘만 먹으면 중국 어디든 다 갈 수 있으니 젊었을 때 많이 돌아다녀라."

직장 때문에 고향을 떠나 상해로 떠나는 나한테 아버지가 하신 말씀이다. 그때 나도 처음 알았다. 중국이 1978년 개혁 개방이 이루어지기 전에는 통행이 제한을 받았다는 사실을.

한평생 살면서 여행 갈 엄두를 내지 못했다는 부모

님의 말씀을 흘려듣기만 했었다. 부모님이 결혼을 하고 나서는 통행이 풀어졌어도 삶에 쪼들리다 보니 여가 활동은 그림의 떡이나 다름없었다고 한다.

중국에 살면서도 수도인 북경 구경 한번 못 해 보고, 백두산 산기슭에 살면서 산에 한번 올라가 보지 못한 엄마도

"그래, 집에 앉아 있는 똑똑이보다 돌아다니는 바보가 아는 게 더 많다고, 우리가 너한테 배워 줄 게 없으니 알아서 많이 돌아다니고 배워라."

내가 태어나기 1년 전까지만 해도 기름이나 쌀은 인두(머릿수)당 배급을 받아서 먹었다고 한다. 식량 걱정하던 시절이니 부모님이 여행 다닐 여유가 없었다는 말도 이해가 간다. 나도 학교 졸업할 때까지는 여행 한번 못 갔으니 말이다.

그래서 관광안내자 직업을 처음 가졌을 때, 여행을 하면서 일을 한다는 것에 굉장히 자부심을 느끼고 열

정을 쏟아부었다. 단체가 없을 때면 하루 종일 여행지에 파묻혀 다른 가이드는 어떻게 멘트를 날리는지 관찰했고, 일정에 없는 코스도 찾아 다니면서 이야깃거리를 풍부하게 만들려고 신나게 돌아다녔다. 내가 모르는 이런 세상도 있다는 마음을 안고 배우기 바빴다.

직업상 휴일이나 명절이나 생일 따로 없이 계절을 따랐기 때문에 몇 년을 생일 한번 제대로 쉬어 보지 못해도 불만이 하나도 없었다. 그러다가 비수기에 휴식일이 많아지면, 생각날 때마다 장거리 여행 코스도 다녀 보곤 했다. 중국은 땅이 넓은 만큼 지역 간 이동에도 긴 시간이 필요하다. 춘절(설날)이나 국경절(10월 1일)처럼 일주일 넘게 쉴 때는 14억 인구 중에 8억이 움직인다는 통계가 있다. 귀향하는 사람들과 여행하는 사람들로 고속도로가 스무 시간 넘게 막히기도 한다. 명절이 낀 성수기면 관광지는 그야말로 사람 숲으로 변한다. 직업상 그런 광경을 늘 봐 왔기에 나만의 여행만은 비수기를 택할 때가 많다.

가끔 친구들이랑 스케줄이 맞지 않아 여행 일정이 취소되기도 한다. 그럴 때 “돌아다닐 수 있을 때 많이 돌아다녀야 된다”는 부모님의 말씀이 귓가에 맴돌면 ‘그래! 기회는 아무 때나 오는 게 아니지’ 하면서 다른 여행 동아리를 찾아 함께 길을 떠나기도 하고, 아예 혼자서 배낭을 메고 나서기도 했다.

그렇게 떠난 여행의 색다른 맛은, 친구들이 아닌 그 지역 사람들과 대화할 시간이 많다는 것이다. 현지 사람들과 이야기를 많이 나누면 책에서 읽을 수 있는 여행 정보보다 더 알차게 그 지역의 ‘속살’을 맛볼 수 있었다. 지역마다 말이 조금씩 다르다 보니 서로 동문서답을 하고 있는 걸 발견하고 한바탕 크게 같이 웃는 것도 좋은 기억이 된다.

한번은 동아리 사람들이랑 절강(저장)성 영해(닝하이)의 전동고진(前童古鎭, 첸통구전)이라는, 관광지로 개발된 지 얼마 안 된 옛 도시에 간 적이 있다.

시간이 멈춘 동네,
2011년 12월 전동고진에서.

집 앞에 흐르는 강물에서 빨래하는 사람들의 모습은 어린 시절 엄마가 강가에서 빨래하던 모습을 연상케 했다. 교통수단인 쪽배들이 돌다리 사이로 미끄러져 다니는 모습은 무협 드라마에서 보던 그대로이고, 강가에 빨간색 초롱들이 주욱 걸린 가운데 무지개다리 위에서 이런 풍경을 화판에 담는 학생들의 모습이 어우러지니 그게 또 한 폭의 그림이었다.

나이든 어르신들이 집 앞에서 엿을 꼬챙이에다 돌돌 말아서 팔고 있었는데, 고향에서 많이 먹어 본 쌀엿이라 추억도 더듬을 겸 하나 사서 입에 물고 어르신한테 말을 걸어 보았지만 내가 말을 알아들을 수 없었다. 중국 해방(공산화) 전 모습을 거의 그대로 보존하고 있는 지역이라 그곳 언어는 외국어나 다를 바 없었다. 그래도 손짓 발짓 다 해 가며 이 지역 전통 음식을 먹을 수 있는 식당을 물어보았다. 한참 만에 손으로 가리켜 주는 방향으로 가서 음식점을 찾고서야 알았다. 우리가 '전통 음식'이라고 한 것을 이곳 사람들은 그냥 '가정식'이라고 부른 것이었다.

가정식은 과연 가겟집 아닌 일반 가정집 앞마당에 간이 테이블과 의자를 펴 놓고, 집 부엌에서 반찬 만들듯 요리를 내온다. 관광객들의 발길에 닳고 닳은 유명 여행지만 골라서 다녀 본 나에게, 몇십 년 동안 외부와 왕래 없이 개방 안 된 자연과 삶을 보존하고 있는 이곳은 신선한 충격이었다. 이렇게 숨은 지역들에도 저마다 특징이 있고, 역사가 말없이 건네주는 말이 있다.

나는 여행에서 목적지가 어디냐보다, 어떤 경험을 하고 어떤 감동을 받느냐가 더 중요하다. 전동고진은 오래된 마을이고 그곳 사람들은 몇십 년 동안 살면서 지루하다고 생각할지 모르지만, 지나는 길손에게는 새롭고 흥미로운 곳이다. 생소한 환경에서 나도 모르던 내 본능이 문득 발현되면서 나의 새로운 모습을 발견하게 되기도 한다.

처음 가는 곳은 늘 나를 설레게 한다. 처음 한국 왔을 때, 이 나라 사람들과 잘 소통하기 위해 역사부터 알아보려고 무작정 여행을 다녔지만, 아직 한국의 구석구석을 다 다녀 보지는 못했다. 처음 가는 곳에서는 늘 새로운 환경이 눈앞에 펼쳐지듯이, 아직 절반도 안 산 내 인생엔 앞으로 또 어떤 일들이 펼쳐질까?

국가가 공인한 사기꾼

내 말버릇 중에 "진짜?" "정말?" "거짓말 아니지?" 같은 게 있다. 그럴 때마다 남편은 나더러 "속고만 살았어?" 하고 핀잔을 준다. 사실은 그 반대다. 많이 속이고 살았다. 그래서 남을 잘 안 믿는 것이다.

한중 교류가 원활해지면서 한국에서 중국 여행을 많이 다니던 2000년대 초에 항주와 상해에서 관광안내자 일을 5년 정도 했다. 여행객이 마구 늘어날 때라 여행사도 우후죽순처럼 많아지다 보니 가격 경쟁이 만만치 않았다.

현지 가이드들은 기본급 없이 단체 건수에 따라 수입이 결정되던 시절이다. 그 무렵 패키지 여행을 다녀 본 분들은 여행계획서에 '쇼핑, 옵션 포함'이라고 적힌 걸 보았을 것이다. 현지에서 지역 특산물 쇼핑매장 들르는 코스가 포함되어 있거나, 시간 여유가 있으면 가이드가 추천하는 볼거리 옵션을 추가한다는 말이다. 따라서 여행객을 현지에서 받아 인솔하고 안내하는 가이드도 단순한 관광지 안내뿐 아니라 지역 특산 홍보와 여행사 영업사원 역할까지 동시에 짊어져야만 했다. 그래야만 가이드도 수입이 생기고 여행사도 마진이 남는 구조였다. 막중한 임무지만 사회 초년생인 나한테는 버거울 수밖에 없었다.

자격증 준비를 하는 처음 몇 달은 선배들이 넘겨준 멘트지를 들고 여행지 다니면서 달달 외우기를 반복했고, 하루 종일 같은 장소에서 다른 가이드들의 멘트를 들으면서 나는 어떻게 설명을 할지 반복해서 이미지 트레이닝을 했다. 중국 관광안내자 합격률은 25퍼센트도 안 되지만 소수 민족은 80프로 이상을 보장해 줘서 단 번에 자격증을 취득할 수 있었다.

외워서 자격증 취득하기는 쉬웠지만, 실전에서는 단순히 암기한 것만 가지곤 턱없이 부족했다. 사람을 상대로 하는 직업인 만큼 임기응변이 좋아야 했고 돌발변수들에도 재빨리 대응해야 했다.

그래도 짧게는 2박 3일, 길게는 5박 6일 동안 한 버스를 타고 다양한 연령층의 '인연'들과 함께 이동하면서 나누는 대화들은 가이드 직업에 자부심을 갖게도 해주었다.

"가이드님은 경치 좋은 데를 날마다 다니면서 안내하는 직업을 가지셔서 좋으시겠네요."

"그럼요, 계절이 바뀔 때마다 또 다른 운치가 있어서 같은 장소지만 다른 느낌을 받아서 좋아요."

"그래도 같은 지역을 반복해서 다니다 보면 아무리 좋은 경치라도 특별하진 않잖아요?"

"함께하는 일행은 항상 바뀌니 기분은 매번 다릅니다."

처음 시작한 지 얼마 안 될 때라 직업에 대한 열정도 넘쳤고 손님들 취향을 탐구하려는 열망도 끓을 때라, 수입은 빈약했어도 모든 것이 새롭고 즐겁기만 했다.

그렇게 이삼 년 지났을 무렵.

"가이드님은 날마다 좋은 경치만 구경하셔서 좋으시겠어요."

"몇 년을 같은 지역만 왔다갔다 하니 좋은 경치도 일상이 되어서 좋은 줄 모르고 지냅니다."

"그래도 여행하면서 일하는 것도 꽤 괜찮은 직업 아닌가요?"

"오늘 함께하실 일행분들께서 아무 문제 안 일으켜서 스케줄이 잘 풀리면 제일 큰 위안이 되는 것 같습니다."

이유 있는 답변이지만, 비슷한 질문에 초짜 때와 대답이 확연히 달라져 있는 것을 보고 스스로 몰래 놀랐다.

황산에서 일정을 마무리하고 항주로 돌아오는 고속도로 위에서 벌어진 일이다.

버스 앞부분에서 갑자기 연기가 올라오기 시작했다. 기사가 갓길에 차를 대고 내려가서 보더니, 차가 고장이 나서 다른 차로 교체해야 된다고 했다. 그 와중에도 휴게소와 가까운 곳에서 고장이 난 게 다행이었다. 손님들을 걸려서 휴게소로 안내하고 교대할 차를 기다리는데, 두 시간은 더 걸릴 예정이었다.

한국 손님들 성격 급하다는 소문을 익히 들은 터라, 두 시간이나 기다려야 된다는 말이 차마 입에서 나오지 않았다. 우선 자초지종을 이야기하고 나서,

"교대 차량은 지금 출발 준비를 다 마쳤지만, 기사님이 아직 준비가 덜 됐다니 조금만 기다려 주세요."

30분쯤 지나도 차량은 감감무소식이고, 손님들도 슬슬 걱정이 되기 시작했는지 차량 도착 여부를 묻기 시작했다.

"중국은 지역과 지역 사이에 거리가 멀어서, 조금만 기다리는 수준이 한 시간 정도는 예상을 해야 됩니다."

틀린 말은 아니지만, 진실은 30분이나 한 시간이 아니라 두 시간도 부족할지 모르는 상황이라는 것이었다. 그나마 그 두 시간도 넘어서 교체 차량이 도착했고, 손님들은 대놓고 나를 '거짓말쟁이'라고 놀렸다.

이렇게 버스가 고장 나서, 일행에 환자가 생겨서, 여권을 분실해서, 등등 여러 가지 애로사항이 쌓여 가기 시작하면서 나의 눈엔 더 이상 경치가 들어오지 않기 시작했다. 오로지 사건 사고 없이 무난하게 한 팀 한 팀 받고 보내는 것만이 소원이었다. 간혹 문제가 터지면

"제가 책임진 팀에서 문제가 생겨서 송구스럽습니다. 그렇지만 여행을 오시면 재밌게 여행을 하는 것도 중요하지만 특별한 사건 사고가 있으면 오래도록 기억에 남으실 겁니다. 좋은 추억도 귀하지만 특별한 추억도 간직할 만하지 않을까요?"

이런 식으로 위안의 멘트를 날리긴 하지만, 정작 당

사자가 아닌 내가 어떤 말을 해도 손님들에겐 위안이 안 될 줄 뻔히 안다. 그래도 뭐라도 해야 할 것 같은 의무감에서 위안의 말을 짜내곤 한다.

비가 오면 "이 지역은 비가 오면 더 좋은 구경거리가 됩니다" 하면서 비와 경치에 관련된 한시 한 수 읊고.

눈이 오면 "눈이 쉽게 안 오는 이 지역에서 눈 경치를 구경하려면 몇 년을 기다릴 때도 있습니다" 하면서 사진 찍기를 권유하고.

날씨가 좋으면 "습하고 비가 많이 오는 이 동네에서 햇볕이야말로 제일 좋은 경치지요."

이렇게 코에 걸면 코걸이, 귀에 걸면 귀고리가 되는 안내를 하다 보니 나 자신도 어느 것이 더 좋은지 헷갈린다.

"가끔은 내 입에서 여러 가지 말을 하고도 이상하게 다 설득력이 있어 보이는데, 제가 문제가 있는 건 아니죠?"

한번은 가이드 모임에서 이런 질문을 했더니 동료 언

니가 웃으면서

“그래서 가이드는 나라에서 인정한 자격증을 가지고 있는 사기꾼이라고 하는 거야.”

“가끔은 특산물 센터 방문하기를 거부하는 손님들한테 필요 없는 걸 강요하는 것 같아요.”

“필요 없으면 안 사게 내버려 두면 되지, 강요하면 안 돼. 사기꾼은 원래 포기도 빨라야 돼. 하지만 스케줄상 방문은 해야 되지.”

반농담이지만 일리가 있다.

그때부터 여행 온 분들한테 좋게 해석하는 사기꾼이 되어 기분 좋게 인솔할 수 있었다.

다른 나라도 아닌 중국에서 ‘국가 공인 사기꾼’으로 살아왔던 나.

“나는 마누라가 옆에 있어서 참 좋아.”

“정말이야?”

까마귀 고기

결혼하고 아직 같은 회사 다니면서 함께 출퇴근할 때다.

출퇴근길에 회사 일이 힘들다고 남편에게 하소연한 적이 있다. 그런 날 저녁이면 남편은 요리를 뚝딱 해서 차려 놓고

"나한테 다 이야기해, 내가 다 들어줄게."

그리고 맥주 한 캔을 따서 주면서

"마누라 힘들게 하는 사람들은 내가 다 알아서 욕해

줄게.”

말이야 갸륵하지만, 내 일을 누가 덜어 주거나 도와 주거나 대신해 줄 수는 없는 일. 남편도 그런 줄 잘 알고 있을 것이다.

이런 때 나는 ‘까마귀 고기’를 떠올린다.

항주에서 관광안내자를 시작한 지 반년이 채 안 됐을 때다. 스케줄 소화하면서, 모든 일이 다 새롭고 진행도 아직 서툴러 항상 긴장해야 했다. 한국 관광객을 안내하면서 무심코라도 조선족 말씨가 튀어나올까 봐 신경을 곤두세웠다. 잘하고 싶은 마음에 사소한 실수라도 하면 며칠을 벙어리 냉가슴 앓듯이 속을 끓였다.

한번은 저녁 식사가 끝나고 호텔에 체크인만 하면 하루 일정이 매끄럽게 잘 마무리되는 상황이었다. 저녁 식사 끝나고 할아버지 한 분이 와서 내 손을 꼭 잡으면서

“우리 엄마 이름도 가이드님 이름하고 똑같아요. 여

기서 이렇게 만나니 반가워요. 오늘 수고 많으셨어요."

그러면서 손에다 팁을 쥐여 주고 갔다. 하루가 매끄럽게 잘 진행된 터에 그렇게 동질감으로 인정까지 받으니 긴장했던 마음이 풀리고 어깨에 힘이 들어갔다. 이제 한시름 놓아도 되겠다고 생각하고 호텔에 도착한 순간 아차 했다. 호텔에 미리 전화해서 객실 카드키들을 준비해 놓으라고 하는 걸 깜빡한 것이다. 선배들이 "손님을 비행기에 태울 때까지 긴장을 늦추면 안 된다"고 한 말이 실감 났다.

호텔에 미리 전화해 놓으면 손님들이 도착하자마자 방 키를 금방 받아 가지고 조금이라도 더 빨리 방에 올라가서 휴식을 취할 수 있다. 빡빡한 스케줄일수록 손님들도 많이 피곤하므로 이런 자투리 시간까지 아껴 써야 다음날 일정에 무리가 안 간다. 하지만 후회는 아무리 빨리 해도 이미 늦다. 어쩔 수 없이 손님들을 로비에서 기다리게 만들어 버렸다. 이런 상황에서 초짜와 경험자의 차이는 안색이다. 나는 어쩔 줄 몰라 하면서 당

황한 기색 역력한 얼굴로 본사 인솔자를 바라보았다. 인솔자가 무표정하게

"까마귀 고기 먹었어?"

'아무리 중국인들이 가리는 게 없이 먹는다지만, 잘못 좀 했다고 까마귀 고기 먹는 사람 취급을 하다니!'

미안하다는 말보다 억하심정이 먼저 들었다.

중국은 땅이 넓은 만큼 지역에 따라서 먹거리도 다양하다. 말로만 들어 보았지 보도 먹도 못한 상상을 초월하는 희한한 음식들도 많다는 이야기가 전설처럼 전해지곤 한다. 가이드 멘트에서도 '날아다니는 건 비행기만 빼고, 네 발 달린 건 책상만 빼고, 물속에 있는 건 잠수함 빼고 다 먹는다'는 명언은 빠지지 않는다. 그래도 그렇지, 까마귀 고기라니!

실수한 죄가 있어 대꾸도 못 하고, 어찌어찌 손님들 체크인 다 끝내고 찜찜한 기분으로 그날 일정을 마무리 지었지만, 밤잠은 설쳤다.

그런데 "까마귀 고기 먹었어?" 그 한마디가 며칠 동

안 머릿속에서 떠나질 않았다. 그런 심한 말에는 어떻게 대처해야 하는지 궁금했고, 만에 하나 내가 오해한 걸지도 몰랐다. 친한 동료들한테 털어놓자니 내 실수를 스스로 까발리는 셈이라 입이 안 떨어졌다.

벙어리 냉가슴 앓듯이 며칠을 지내고, 다른 단체 인솔자를 만났을 때다. 초면이라 용기를 내어 조심스럽게 입을 열었다.

"인솔자님, 혹시 한국에서는 '까마귀 고기 먹는다'는 말을 어떤 상황에서 사용하나요?"

"까마귀 고기? 잘 잊어버리면 한국에서는 까먹는다고 하지. 까먹는 거랑 까마귀랑 단어가 비슷하잖아. 유치하면 유치원에 가고, 뭐 이런 말장난 같은 거야."

"아!"

엉켜져 있던 실타래가 확 풀리는 기분이었다. 그날 인솔자가 나한테 까마귀 고기 어쩌고 '악담'을 하고 나서 자기는 느긋하게 웃으면서 손님들하고 마지막까지 이것저것 대화를 유도하며 기다린 의도를 이제야 알 것 같았다. 내가 실수한 걸 자기가 대신 어느 정도 커버하면서 나를 편안하게 해 주려고 한 말인데 내가 그걸 못 받아먹은 것이다. 좋은 뜻으로 말해 준 그 인솔자에게 미안한 마음과 함께, 며칠 끙끙 앓고 가지고 다니던 무거운 짐을 내려놓으니 나도 모르게 웃음이 터져 나왔다. 인솔자는 고개를 갸우뚱했다.

"그렇게까지 웃기는 유머는 아닌데?"

지난 며칠 혼자 앓은 이야기를 해 주었더니 인솔자도 다행이라면서 그제야 호탕하게 웃었다.

타국 땅에 살면서 남의 뜻밖의 말에 상처 받을 때면 일부러 그때의 '까마귀 고기'를 떠올리며 마음을 추스르곤 한다.

고쟁이 속 천 원

"여행 오신 할머니들이 주머니에서 팁으로 천 원을 꺼내서 주면, 감사하게 넙죽 받아야 된다. 그 돈은 손주 손녀 주려고 아껴 두었던 걸 마음으로 주는 거니깐."

가이드를 시작했을 때 선배들이 해 준 조언이다. 처음엔 그 말을 마음으로 받아들일 수 없었다.

'천 원 이천 원은 그냥 주는 거지, 뭐 마음까지 필요할까?'

실제로 효도 관광 단체를 인솔하다 보면 선배들 말처

럼 고쟁이 속에서 꼬깃꼬깃한 천 원, 이천 원을 꺼내서 나의 손에 쥐여 주는 할머니들이 있다.

"할머니, 이 돈으로 손자 손녀 맛있는 걸 사 주셔야지, 저한테 주시면 어떡해요?"

나는 안 받아도 되는데 굳이 힘들게 돈을 꺼내서 주시는 게 짠했다.

"손녀 같아서 주는 거니까, 잔소리 말고 받아요."

중국에서 우리말 하는 가이드를 만나서 반갑다며 손까지 잡아 주면서 팁을 건네는 할머니 할아버지의 마음으로 전해지는 온기는 말로 표현하기 힘들었다. 그 따뜻한 눈빛과 손의 따스함이 아직까지도 나의 마음에 남아 있는 걸 보면 천 원, 이천 원 그 이상을 받은 것이 분명하다.

하지만 할머니들의 이런 마음을 조금이나마 이해하기까지는 시간이 조금 걸렸다.

가이드 시작하고 2년 뒤, 명절 쇠러 고향에 갔다. 여든이 넘으신 할머니가 나를 보고 반가워하면서 눈시울을 붉히셨다.

"네가 처음 타지로 갈 때, 할머니가 줄 돈이 없어서 이십 원(한국 돈 3천 원쯤)이라도 챙겨 줬는데 안 받고 그냥 가더라. 그게 아직까지 마음속에 걸려 있다."

떨리는 목소리로 그때의 안타까움을 말씀하시는 할머니께 미안했다.

"할머니 쓰시라고 안 받았지, 적다고 안 받은 거 절대 아니에요."

사실 그때 할머니가 얼마를 주려고 했는지도 나는 몰랐다. 돈을 돌돌 말아서 내 손에 쥐여 주려고 하는데, 나는 젊으니깐 아무 때나 돈을 벌면 되지만 평소에 푼돈도 아껴 쓰시는 할머니가 안쓰러워서 받을 수가 없었던 거였다. 내가 아는 우리 할머니는 생활 형편이 넉넉지 못한 자식들한테 손을 안 벌리려고, 짚으로 새끼를 꼬아 팔아서 푼돈을 벌었고, 얼마 안 되는 전기세도 아끼려고 밤에 전등도 켜지 않고 해 뜨면 일어나고 해 지면 바로 자리에 누웠다. 그런 모습을 보면서 지내 왔기에 더더욱 받을 수가 없었다.

하지만 할머니가 손녀를 위해 뭐라도 해 주고 싶은 마음을 그땐 미처 헤아리지 못했고, 할머니가 2년 지난 지금까지 그때 일을 마음에 두고 계실 줄 몰랐다.

명절이 끝나고 다시 떠날 때, 할머니가 내 손을 잡고 이번엔 백 원을 쥐여 주면서

"이렇게 떠나면 또 언제 만날 수 있을지 모르는데, 이번엔 적어도 꼭 받아라. 이젠 나도 자식들한테 용돈을 많이 받으니깐 네가 걱정 안 해도 된다."

그땐 부모님도 한국에서 할머니한테 용돈을 보내셨고, 손주 손녀들 모두 다 독립해서 자식들 형편이 좋아졌을 때라 나도 부담이 없었다. 나는 아무 말도 하지 않고 넙죽 받았다. 나는 그 돈을 쓰지 않고 지갑에 고이 모셔 두었다.

그리고 1년 뒤에 할머니는 저세상으로 떠나셨다. 할머니 부고를 접하고, 지갑 속 백 원을 꺼내 들고 집에서

대성통곡을 했다. 백 원을 쥐여 주면서 눈물을 글썽이시던 할머니 눈빛, 내가 탄 마을버스가 사라질 때까지 그 자리에 박힌 듯 서 계시던 모습이 머릿속에서 떠나질 않았다.

할머니는 우리가 시골집에 놀러올 때 대비해서, 이웃에서 이따금 가져다주는 과일을 늘 남겨 두곤 했다. 당신은 썩어서 못 드실지언정 손자 손녀들을 위해서 남겨 두셨다. 밭에서 직접 키우는 찰옥수수도 날마다 나가서 점검하면서 제일 좋은 건 안 따고 남겨 두었다가 우리가 가면 따서 삶아 주셨다. 그래서 과일은 언제나 시들했고, 옥수수는 때가 지나서 딱딱해져 있을 때가 많았다. 그때는 할머니가 너무 아껴서 문제라고 나무랐는데, 지금 돌이켜 보면 그 마음을 몰라 준 내가 철이 없었던 것이다. 처음 고향 떠날 때 할머니가 주시는 용돈을 넙죽 받으면서 고맙다고 안아 드렸다면 할머니가 얼마나 좋아하셨을까 하는 생각에 늘 미안했다.

그래서 할머니가 돌아가신 뒤, 혹시라도 고쟁이 속에

서 돈을 꺼내 팁을 주시는 할머니 할아버지가 계시면 고맙다고 꼭 안아 드렸다. 친할머니가 주시는 돈을 받을 때는 아직 표현이 서툴러 할머니를 못 안아 드린 것이 한이 되었는데, 단체를 인솔하면서 그걸 나눌 수 있어서 다행이었다.

천 원, 적다면 적은 돈이지만, 얼마나 주느냐가 아니라 어떤 마음으로 주느냐, 어떤 마음으로 받느냐가 중요한 것이었다.

결혼을 하고 나니, 혼자인 엄마가 적적해 할까 봐 늘 걱정이다. 고양이나 강아지라도 키워 보시랬더니 엄마는 한 달에 어느 정도 돈이 들어갈지 한참이나 계산을 해 보더니, "그 돈이면 내 손자 손녀 옷 한 벌이라도 더 사 입히겠다"고 단칼에 거절하신다. 우리는 늘 "아끼다 똥 된다"고 받아치지만, '고쟁이 속 천 원'의 내리사랑은 핏줄을 타고 유전되는 것인가 보다.

다시 시작한 대학 공부

원하는 대학에 갈 성적이 안 나오자 나는 과감하게 일을 선택했다. 아니, 과감이 아니라 도피였다. 경제적으로 힘든 부모님께 부담을 안 드린다는 핑계였지만, 마음은 힘들게 6년을 공부를 했는데 또 4년을 더 할 용기가 없었다. 성적만을 위해 달려왔는데 좋은 성적이 안 나오자 좌절감과 상실감이 컸다. 그 상태로 대학 생활을 감당하기엔 마음의 여유가 없었다.

그러다가 남쪽 항주에서 한국인 관광안내자를 하는

친구 언니 소개로 관광안내자를 시작했다.

한족 학교를 다녀서인지, 여행사에서는 나한테는 차츰 단체 손님 안내보다 통역이 필요한 개인 손님을 상대로 통번역 스케줄을 더 많이 맡겼다.

통번역 처음 시작할 땐 하룻강아지 범 무서운 줄 모르고 무작정 '난 할 수 있다'는 근거 없는 자신감으로 임했지만, 몇 번 해 보니 부풀려 있던 자신감이 미끄럼을 타고 내려오듯이 바닥으로 곤두박질쳐 버리는 걸 뼈저리게 실감했다.

나의 외래어는 중국어와 일본어 믹스다. 할아버지 할머니가 일제 때 태어나 중국으로 옮겨와 정착했기 때문이다. 하지만 한국은 외래어로 주로 영어를 믹스해서 쓴다. 개인 사업 때문에 통역이 필요한 분들은 사용하는 전문 용어가 거의 무역과 관련된 영어 외래어다. 영어는 학교에서 배운 게 전부인 나로서는 당황 그 자체였다. 분명히 한국말로 말하는데 못 알아들으니 속만 바질바질 타 들어갔다.

게다가 '크리스마스 트리'처럼 두 단어가 다 영어면 나는 더 못 알아듣는다. 크리스마스는 조선족 말로 성탄절이고, 중국어로 크리스마스 트리는 '성단수(聖誕樹)'다. 전화한다는 말에 중국어는 동사로 칠 타(打)자를 쓰기 때문에 조선족은 전화를 '친다'고 한다. 그러면 손님한테서 "전화를 왜 때려?" 하고 농담이 돌아올 때도 있다. 눈치가 좀 생기니, 통역 중에 한국 손님이 멈칫만 해도 어떻게든 해석을 해 드리려고 부가 설명을 줄줄이 늘어놓을 줄 알게 됐다. 드디어 알아들었다는 표정이 나오면 비로소 안도의 숨이 나온다.

"한국은 무역 위주의 나라라서 영어를 많이 사용하니까, 통역을 계속 하시려면 영어 공부도 함께 하면 도움이 많이 될 거예요."

조언을 해 주는 손님이 있는가 하면,

"한국에 못 가 보셨으면 한국에 대한 공부가 많이 필요하네요!"

어색한 통역에 대한 불만을 에둘러 표출하는 분들도 있었다.

잘하려고 노력하지만 항상 부족하다고 스스로 느끼던 시절이다. 한국 손님이 내 말을 못 알아들으면 어떡하지 하고 겁부터 나서 한때는 통번역을 하는 자체가 두려움이 될 정도였다.

그때부터, 실례인 걸 알면서 손님들한테 부탁을 했다.

"하루치 일당을 안 받을 테니, 한국에서 추천해 주실 만한 책이 있으면 택배로 부쳐 주시면 안 될까요?"

고맙게도 많은 분들이 어려운 시간을 내어 직접 서점에 가서 책을 사서 국제택배로 보내 주셨다. 심지어 한국에 대해 공부하겠다니 돈은 안 받겠다며, 초과 요금 받지 않고 책만 보내 준 고마운 분들도 있다.

그렇게 구한 책들로 지금 기억 나는 게 『다시 찾는 우리 역사』, 『칭찬은 고래도 춤추게 한다』, 『총각네 야채가게』, 『스님의 주례사』, 『누가 내 치즈를 옮겼을까?』 같은 책들이다. 이런 책들을 통해 중국에서 접해 보지 못한 한국 역사에도 눈을 돌려 보았고, 베스트셀러를 읽으면서 한국에서 많이 사용하는 단어를 익혀 나갔다.

하지만 책은 책일 뿐, 실전은 또 다른 상황이다. 그러다 TV의 오락 프로그램을 인터넷으로 챙겨 보기 시작했다. 대화가 귀에 들어오기 시작하면서 한국말에 대한 두려움이 서서히 줄어들기 시작했고, 실전에 적용해 봤더니 어느 순간부터 대화가 매끄럽게 진행되는 걸 느낄 수 있었다.

대학 꿈을 접으며 부모님 핑계를 댔던 내가 스스로 돈을 벌어 보니 부모님의 안타까운 마음을 어느 정도 헤아릴 것도 같았다. 부풀려 있던 자신감이 서서히 줄어들고 부족한 부분이 모습을 드러내기 시작하자 다시 대학에 진학할 꿈을 키우기 시작했다. 그렇게 만 스물다섯 살에 시작한, 늦깎이라면 늦깎이 대학 공부는 '남

탓하기'를 그만두고 나의 의지로 내디딘 첫 발자국이다.

상해에서 우선 정시 출퇴근과 주말 휴식이 보장되는 회사에서 통번역 일을 시작했다. 그리고 일을 하면서 공부할 수 있는 상해교통대학 국제무역과에 등록했다. 뚜렷한 목표 없이 중국어와 성적만 보고 달려오던 중고등학교 때와 달리, 중국과 한국 두 나라를 무역으로 잇는다는 목표를 염두에 두었더니 힘들어만 보였던 대학 공부도 꽤 재밌었다.

'내가 대학을 간다면 어떤 모습일까?'

대학에 가기 전에 수도 없이 해 본 질문이다. 하지만 정작 수업을 듣기 시작하니, 낮에는 일하고 저녁에는 인터넷으로 동영상 강의를 듣고, 주말에는 학교에 직접 가서 강의를 듣는 것이 현실이었다. 평일 밤낮을 일과 공부를 병행하며 버텨 내면 주말도 학교 가지 않고 집에서 동영상 강의로 듣고 싶은 유혹이 많았다.

'이번 주는 그냥 집에서만 강의 듣고 끝내자.'

이런 생각을 하다가도, 억지로 학교를 가서 교원(캠퍼스)을 걸으면 스무 살 때 못 이룬 꿈을 이룬 것마냥 즐겁고, 또 한 주를 새로 시작하는 원동력이 되기도 했다. 내가 직접 선택한 대학 생활이기에 마음이 가벼웠고, 3년의 힘든 학업을 소화할 수 있었다.

뜻하지 않게 한국에 살게 되어 중국 대학 졸업장은 큰 의미가 없지만, 나에겐 후회 없는 시간들이었다.

내겐 현실인 다문화 가정

어릴 때부터 아빠는 나의 결혼 문제에 대해서만은 확고하셨다.

"결혼은 같은 민족끼리 해야 된다. 사돈끼리 대화가 돼야 너의 얼굴을 자주 볼 수 있어."

한 가정 한 자녀의 산아 제한 시기에 태어난 우리 세대다. 아빠는 외동인 내가 다른 민족과 결혼하면 사돈끼리 대화가 안 될 것부터 걱정하셨다.

하지만 우리 세대는 아빠 세대와 또 다르다. 중국 전

국에서 통일된 언어로 수업을 진행하기 때문에, 젊은 사람들은 민족이 달라도 표준어로 대화가 된다. 자유연애가 당연시된 세대라 부모가 결혼을 결정해 주지도 않는다.

다른 민족끼리 연애하고 결혼하는 걸 '통혼'이라고 한다. 통혼한 자녀의 민족은 아버지와 어머니 민족 중 하나를 선택할 수 있다.

중국은 다민족 국가다. 소수 민족에게는 나라에서 많은 혜택을 준다. 내가 대학 입시를 볼 때만 해도 조선족은 대학 입시 점수가 한족보다 10점 적어도 같은 점수로 인정해 줬다. 신강(신장) 같은 데서는 통혼 민족의 자녀들은 초등학교부터 고등학교까지 학비를 면제해 주고 주택과 취업 문제도 최우선으로 해결해 주고, 결혼 5년까지 나라에서 돈을 주기도 했다. 그러다 보니 한족도 소수 민족과 통혼을 선호해, 결혼에서 소수 민족은 꽤 인기가 있었다. 인구 90퍼센트 이상이 한족인 중국이지만 통혼한 가정이 소외감을 느끼지 않는다. 나라에서는 “56개 민족이 언어가 다르고 습관이 달라도, 같은 땅을 밟고 같은 하늘을 바라보며 서로 존중하고 서로 배우는” 긍정적인 마인드를 강조한다.

다문화가 정상인 중국에서 소수 민족으로 자랐기에 나는 한국에서 한국 사람과 결혼해도 언어가 통해 아이가 혼란을 겪지만 않는다면 자녀 문제는 크게 고민할 필요가 없다고 생각했다. 한국도 다문화 가정에 대한 혜택이 있고 지원 프로그램도 있기 때문에 다른 민족을 대하는 눈이 중국과 별 차이가 없을 거라 생각했다. 하물며 나는 다른 민족도 아니고 한민족 아닌가.

하지만 아이를 낳고 장차 교육 문제에 관심을 갖기 시작하니 전에 안 보이던 것들이 하나 둘 눈에 보이기 시작했다.

우선 언어 문제가 생각보다 간단치 않았다. 남편 직장의 직속 상사 한 분도 다문화 가정이다. 남편이 중국 여자랑 결혼했다는 이야기를 들은 그 상사가 아주 진지한 표정으로 "자네 부부는 대화가 잘되나?"라고 묻더란다.

"영어도 배워 보고 마누라 나라 언어도 배워 봤는데, 대화가 제일 힘들더라."

그 말을 전해 주면서 남편이,

"나는 우리 딸이 한국말을 배웠으면 좋겠어. 둘이서 중국말 하면 나는 아무것도 못 알아들으면 왕따 당하는 거잖아?"

너무 진지해서 웃음이 나왔다. 아마 남편 상사 사모님은 한민족이 아닌 것 같은데, 그와 달리 한국말로 대화가 되는 우리 부부한테는 그런 문제는 없을 거라고 생각했다. 하지만 당장 내가 한국말과 중국말 두 언어를 쓰니까 남편의 걱정도 일리는 있었다.

언어보다 심각한 게 소통이다. 나라에서 다문화 가정을 여러 가지로 돕고 있다고는 하지만, 현실적으로 다문화 가정들을 한데 모아 놓으면 언어부터 다양해서 공동의 문제를 해결하기가 쉽지 않다. 자라 온 환경이 천

차만별이기에, 오랜 기간 충분히 이야기하지 않으면 상대방을 알아 가기도, 나를 이해시키기도 어렵다.

결정적으로 한국은 다문화가 익숙지 않은 사회다. 다문화 가정 속 '근본은 외국인'의 마음도 여러 가지다. 결혼 전에, 이따금 한국 남자랑 결혼해서 아이 낳고 몇 년 살다가 도망가는 외국 여자들 이야기를 들으면 아이가 불쌍하다고만 생각하고 그만이었다. 하지만 내가 막상 '중국 마누라', '다문화 엄마'로서 아이까지 키워 보니, 도망간 여자만 나쁘다고 할 것도 아니었다. 오죽하면 그랬을까? 나는 어릴 적 친구들만 가까이에 없을 뿐, 말이 통하고, 친정 엄마가 가까이 계셔 육아라도 도와주시고, 힘들면 손 빌릴 수 있는 친척들도 한국에 계시고, 직장생활을 해 왔기 때문에 탈출구를 찾으려고 마음만 먹으면 어떻게든 스트레스를 해소할 수 있다. 하지만 한국말도 서투른 애엄마들이 오로지 남편만 바라보고 한국에서 사는데 남편과 마음이 안 맞고 주변에 도움을 요청할 사람도 없다면 얼마나 힘들지, 가늠조차

할 수 없다.

처음 남편이 나를 시어머님께 인사 시킬 때, 시어머님이 제일 걱정하셨던 것도 그거였다. 중국 여자들은 한국에서 몇 년 살다가도 다시 중국으로 돌아가야 한다는데 나는 안 돌아가도 되느냐, 결혼하고 아이를 낳을 거면 귀화를 해야 하는 것 아니냐고 걱정하셨다. 우리 시어머님만 그런 게 아닐 것이다.

한국은 정책상 부모 중 한 명이라도 한국인이면 아이는 한국 국적을 얻을 수 있다. 우리 딸도 한국 국적을 갖고 있다. 하지만 나는 귀화하지 않았다. 아직은 중국 오갈 때 중국인 신분인 게 비자 없이 오갈 수 있어서 편하기 때문이다.

더 중요한 건, 나는 태어나서 30년 산 중국에 좋은 추억거리가 많아서 포기하고 싶지 않다. 천진난만하게 뛰놀던 어릴 적 추억, 따로 돈 안 들이고 중국어를 전투적으로 마음껏 배우던 학창 시절, 20대 시절 서로 다독여 주면서 술 한잔 함께 기울이던 친구들, 그리고 할머니·할아버지·외할머니·외할아버지를 묻어 둔 그곳을 포기할 수 없다.

딸아이를 낳기 전까지는 오로지 남편과의 대화, 한국 문화에 적응할 생각만 했다. 하지만 엄마가 되고 보니, 다문화에 익숙하지 않은 한국에서 '다문화 엄마'인 내가 어떻게 처신해야 아이가 주변을 의식하지 않고 당당한 유년을 보낼 수 있을지 고민하게 된다.

고마워, 너를 낳고 나를 돌아봐

새벽 진통이 시작됐을 때 남편은 회사에서 야근 중이었다. 아기가 태어나기 두 시간 전에야 병원에 왔는데 그나마 한쪽에 누워 잠이 들어서, 내가 진통으로 죽어라 고함 지를 때 코골이로 화음을 넣었다.

하늘이 노래지고 코에서 수박이 나온다는 게 뭔지 몰랐다. 그냥 장이 꼬이는 것보다 조금 더 아픈 정도겠거니 생각했다. 내가 직접 겪어 보기 전까지는.

그러나 딱 자기가 본 만큼까지만 믿는 남편은 아이를

낳는 데 두 시간이면 충분한 걸로 알아, 친정 엄마한테 “둘째는 더 쉽게 낳겠어요”라는 망언도 서슴지 않는다. 부스스한 얼굴의 나에게 결혼식 사진을 가리키며 “저 여자 좀 데려와”라고 놀려 댄다.

“나도 저 여자 옆에 있는 남자랑 살고 싶어.”

그렇게 힘들어 하다가도 모처럼 방긋 웃는 아이를 마주보며 맘 턱 놓고 웃으면 남편은 눈가 주름 자글자글한 나를 할머니라고 놀린다. 남편은 남의 편이라더니….

처음에는 밤낮이 따로 없이 한 시간 간격으로 모유 수유를 해야만 했다. 밤잠을 설치니 간 수치는 올라가고, 대낮에도 정신이 흐리멍텅하다. 간신히 안아서 재우고 눕히려고 하면 ‘등 센서’라도 작동하는지 와악 울음을 터뜨리면, 나도 아이와 함께 울고 싶다. 수시로 이유 모를 울음을 터뜨리는 아이와 24시간을 붙어서 감정이 오르락내리락하는 걸 경험하고 나니 ‘어머니는 위대하다’는 말이 조금은 가슴에 와닿는 것도 같다. 방금 지나간 일도 기억 못 하는 친정 엄마가 내가 어릴 적 젖만 먹으면 돌아누워서 서운하더라는 건 어찌 그렇게 생생하게 기억하는지도 공감하게 된다. “아이는 나의 내면의 상처를 치유해 주기 위해서 내 옆으로 온 천사”라는 말이 있는데, 딸아이를 보면서 그 말을 실감하는 중이다.

산과 의사가 남자라, 출산 준비하며 이것저것 질문하려면 창피할 때가 많았다. 나 낳을 땐 어떻게 알아봤냐고 물어보니 엄마가 의미심장하게 한마디 하셨다.

“애 낳아 봐라, 창피함이 없어진다.”

그때는, 아기 낳으며 고통의 끝을 경험하고 의사 앞에서 숨김없이 다 보여 줘야 되는 상황을 겪고 나면 더 창피할 것도 없다는 말이라고만 생각했다.

그런데, 창피함은 ‘극복’하는 것이 아니었다.

출산 전부터 마음먹은 대로 아이는 모유로 키웠다. 난 지 일고여덟 달 되어 스스로 기고 짚고 일어설 수 있

A형 여자와 B형 남자가 만났더니 부모를 반씩 닮은 AB형 딸아이가 나왔다. 2020년 8월 돌사진.

게 된 딸아이는 내가 화장실을 가면 화장실 문 앞까지 울면서 따라온다. 아직 누워만 있을 때는 울어도 볼일 보고 나와서 달래 주면 됐는데, 이제는 엄마가 안 보이니까 화장실 앞까지 따라와 문을 두드리면서 마치 나라를 잃은 것처럼 슬피 운다. 그래서 화장실 문을 열고 볼일 보는 게 습관이 되어 버렸다.

하루는 남편이 빤히 쳐다보기에

"왜 그렇게 쳐다봐?"

"왜 화장실 문을 열어 놓고 일을 봐?"

그제서야, 아이와 단둘이 있을 때 하던 대로 남편이 있을 때도 화장실 문을 열고 볼일을 보고 있음을 알아차렸다. 남편은 안중에 없고 딸내미가 울 걱정만 한 것이다.

내가 밤에 운전할 때 방해될까 봐 우리 차는 선팅을 짙게 하지 않았다. 낮에 차 안에서 아이 젖을 먹이기에는 별로여서, 백일 되기 전에는 아이가 울어도 웬만하면 집에 와서 젖을 물렸다. 아이가 울다 지쳐 잠들 때까지 버텨 보기도 했다. 그런데 언젠가부터, 아이가 배고프다며 계속 울어 대는데 단추만 풀면 먹일 수 있는 걸 남 보기 창피하다고 고이 감춰 두는 건 또 뭔가 싶었다. 남한테는 여자 몸일지 몰라도 아이한테는 밥그릇인데 얼마나 야속했을까? 그때부턴 젖 보챈다 싶으면 차에서도 앞섶을 풀어 젖히고 젖을 물렸다.

그러던 어느 날, 남편이 내게 한마디 말도 없이 차를 진하게 선팅해 갖고 돌아왔다.

"마누라, 이제 마음 놓고 젖 까!"

나도 엄마가 되어 보니 아빠 생각이 사무친다.

임신 소식에 남편이 집에 돌아와 초인종을 누르고 문 밖에서 덩실덩실 춤추던 모습, 아이 젖 먹이고 나면 나 손목이 아플까 봐 자기가 안고 트림 시켜 주던 일, 코로나가 한때 잠잠해지니 젖먹이 딸 친구 만들어 준다고 아이 있는 친구들 일일이 불러내서 한번씩 만나게 해 주는 모습….

'아빠도 나 태어날 때 좋아했겠지?'

아빠와는 좋은 추억이 거의 없다고만 생각했는데, 어릴 적 아빠와 깔깔거리며 놀던 기억들이 새록새록 솟아난다.

내 고향도 한국과 비슷하게 사계절이 뚜렷한 산골이다. 길에 나서 보면 저 멀리 하늘과 맞닿은 곳 주변이 산으로 둘러쳐진 분지 마을이다.

겨우내 누렇게 말라 엉켜 있던 풀 더미 속에서 초록색 민들레가 올라오기 시작하면, 내가 좋아하는 나물 캐러 아빠랑 바구니 하나씩 들고 강둑으로 향한다. 캔 나물을 샘터에서 깨끗이 손질하고 집에 돌아가면 엄마가 장에다 기름을 넣고 맛있게 무쳐 준다. 봄나물 행복한 밥상은 아빠가 논일 시작하기 전까지 계속된다.

여름이 되면 강가로 고기잡이를 나간다. 얕은 곳에서는 아빠랑 각자 잡지만 깊은 데는 아빠가 혼자 들어가서 그물로 잡아 올린다. 나는 강가에서 아빠가 잡아 올린 고기들을 통에 넣으면서 "우리 한 통만 잡으면 집에 가자!" 신나서 소리 지른다. 점심도 거르고 겨우 한 통을 채워 집에 가져가면 엄마는 "먹지도 않으면서 왜 그리 많이 잡아?" 하고 나무란다.

하우스 과일이 없던 시절, 우리 집 앞마당이 바로 과일 가게였다. 과일을 좋아하는 나 때문에 앞마당엔 갖가지 과일을 심었다. 5월의 앵두부터 딸기, 여름 되면 자두·살구·토마토…. 사과나무에 파란 사과가 달리면 아빠는 제일 큰 걸 점찍어 두었다가 가을에 잘 익으면 나한테 먼저 따 주었다. 포도는 늦가을 서리까지 맞으면 더 달고 맛있었다. 가족과 함께하며 '기다림'을 가르쳐 주는 과일 가게였다.

가을걷이 끝나 논이 허허벌판이 되고 눈오기 전까지(연변은 겨울이 길다) 마을 언니, 오빠들이 집에 있는 땔감을 한두 개씩 들고 나와 모닥불을 지펴서 감자나 고구마를 구워 먹었다. 엄마는 내가 들고 갈 만한 땔감을 말없이 마루에 놓아 두곤 했다.

먹을 것뿐 아니라 놀음도 제철을 기다려야 했다. 실

내 수영장이 없으니 수영은 여름에만 할 수 있는데, 여름이 짧은 우리 고향은 삼복 제일 더울 때 말곤 강가에 나가도 어린 나이에는 들어가기 힘들 정도로 물이 차다. 겨울은 춥고 길어서 영하 이삼십 도 되는 한겨울이면 아빠가 직접 만들어 주신 썰매를 가지고 꽁꽁 얼어붙은 강에 나가 타고 놀았다.

자연은 계절에 맞는 먹을 것과 놀음을 선물로 주었고, 소중한 가족의 따스함 속에서 나는 기다림을 배웠다. 돈은 없어도 부족한 줄 모르던 평범한 생활. 하지만 막상 그때는 이런 것의 소중함을 미처 몰랐다.

아빠는 좋은 아빠가 못 되었다고 했지만, 나한테는 아빠를 대체할 사람은 없다. 설령 좋은 아빠가 아니었대도 오래 사셔서 좋은 할아버지가 돼 주시면 나는 하나도 안 섭섭한데. 내가 어릴 적 누리던 평범함 속의 행복을 딸아이에게 가르쳐 줄 수 있을까?

우리 딸에게는 어쩌면, 평범한 것이 제일 어려운 일

일지도 모른다. 엄마가 외국인이기 때문이다.

임신하고 이제 엄마가 된다고 생각하니, 장차 태어날 아이의 교육이 걱정되었다. 일어나지도 않은 상황을 미리 걱정하는 것도 문제일 수 있지만, 한국에서 교육을 받아 보지 못한 내가 모국어가 한국어인 아이한테, 제일 기본이 될 수 있는 한글부터나 제대로 가르칠 수 있을까 하는 걱정이 머리에서 떠나질 않았다.

걱정보다 적극적으로 맞서는 쪽을 선택했다. 다문화 가정이라는 현실은 바꿀 수 없지만, 처음 말과 공부만은 직접 가르쳐야겠어서 내가 먼저 공부를 시작하기로 했다.

그즈음 다니던 회사가 재정 상황이 안 좋게 되어 임금이 체불되기 시작했다. 오래 고민한 끝에 회사를 그만두고 '노산'인 나의 몸을 돌보기로 결심했다.

일을 그만둬 본 적이 없는 나는 한 달을 휴식하고 나니 더 이상 집에만 앉아 있기 힘들었다. 이런 저런 생각을 하다가 문득,

'혼자서는 업그레이드하기 힘든 한글 공부인데, 한국인들 모임 속에서는 어떨까?'

마침 시간적으로도 여유가 있었기에, 그동안 한번쯤은 참석해 보고 싶었던 독서 모임에 나가 볼 마음을 먹게 되었다. 오랜 검색 끝에, '누구나 편하게 오셔서 참여 가능합니다'라는 문구를 발견했다. 한국인이 아닌 나를 그 '누구나'에 셀프 포함시키고 시간에 맞춰 처음 나가 봤다.

그렇게 알음알음으로 참가하게 된 독서 모임, 그곳에서 글쓰기 선생님과 인연이 닿고, 글감 삼아 어릴 적 기억들을 떠올리면서 행복해 하는 나를 발견한다.

나를 제일 잘 아는 사람은 나 자신이어야 하는데, 그동안 모르고 살았다. 오늘도 나는 부모님이 주신 '나'라는 선물을 잘 간직하기 위해 '나만의 길'을 잃지 않으려고 애쓰며 걸어간다. 반 박자만 느리게, 내게 주어진 삶을 감사히 받으려고 다시 한 번 나를 돌아본다. 딸아이가 자라 엄마의 글을 읽게 되면 '엄마는 그냥 평범한 사람이구나!' 해 주면 좋겠다.

고마워 딸, 너를 낳고 나를 더 사랑하고 있어.

다름과 우열

처음 나가 본 독서 모임은 누구의 평가도 받지 않는 패턴이라 소외되는 느낌을 전혀 받지 않았고, 온전히 나를 글로 표현할 기회도 있어서 뜻밖에 좋았다. 두세 번 참석하고는 글쓰기에 관심이 더 커져, 책 쓰기 강연을 하는 선생님의 수업이 궁금해졌다.

물론 책 쓰기는 엄두조차 낸 적이 없었다. 어린 시절에는 그래도 이야기책을 보면서 막연하게 나도 재미있는 글을 쓰고 싶다는 꿈을 가져 본 적이 있었다. 그러다

사춘기 때 엄마가 내 일기를 훔쳐본 것을 알고 나서는 나의 글을 써 본 적이 없다. 오랜 세월 글쓰기를 안 해서 그런지 글로 나의 감정을 표현하기는 불편했다. 하지만 아이 교육 문제에서는 내가 먼저 알아야 한다는 생각이 더 컸다. 많이 망설인 끝에 글쓰기 선생님을 찾았다.

"어떤 내용을 쓰고 싶으세요?"

글쓰기 공부를 한다고만 생각하고 나왔지, '주제'를 물어볼 거라곤 생각도 안 했다.

"그냥 제가 살아온 이야기를 쓰고 싶어요."

"그럼 중국 생활하고 한국 생활 차이에 대해 써 보시면 어떨까요?"

갑자기 마음이 무거워졌다. 비교란 좋고 나쁨을 가리는 '차별'로만 알고 있었기 때문이다. 책만큼은 비교를 하면서 굳이 좋고 나쁨을 쓰고 싶지 않았다.

나는 살아온 환경이 연변에서 항주와 상해로, 다시

한국으로 자주 바뀌면서 '비교'가 몸에 배어 있다. 차이는 그냥 '다름'일 뿐인데, 나는 내 방식대로 그 차이를 항상 비교해서 어떻게든 우열을 가리려고 했다.

연변에 있을 땐 한족 학교와 조선족 학교를 비교하면서 우열을 가리곤 했다. 조선족 학교에서는 월요일 아침 국기게양식을 제대로 하는데 한족 학교는 대충 하네… 한족 학교는 축구보다 농구를 더 우선으로 하네…. 그러면서 내가 적응이 잘 안 되는 부분은 어떻게든 트집을 잡아서 적응 못 하는 핑곗거리로 만들었다.

사회에 나와서도 마찬가지다. 항주에서 5년 정도 살다가 그 지역 언어가 귀에 익숙해질 무렵에 상해로 갔다. 웬걸, 똑같이 한족 도시이고 차로 3시간, 서울~대전 거리밖에 안 되는데도 상해 말은 항주 말과 또 달랐다. 두 지역 사람들은 서로 못 알아들을 정도까진 아니라고 하는데, 나는 못 알아들었다. 상해 말은 내가 아는 악센트 있는 표준어와 다른, 부드러운 외국어 같았다. 그전까지만 해도 한족과 소수 민족 사이에만 풍습 때문에 차이가 있을 줄 알았는데, 한족들 사이에서도 지역에 따라서 현지 언어가 또 다르다는 걸 처음 제대로 겪었다. 그렇게 상해에 살면서 상해의 빠른 패턴과 항주의 느긋한 삶을 비교해, 내가 따라가기 힘든 빠른 패턴을 거부하기 시작했다. 지금의 북한과 한국도 비슷하지 않을까? 같은 언어를 사용하지만 어떨 땐 못 알아듣는 단어들, 서로 이해하기 힘든 생각들….

그렇게 우열을 동반한 비교는 나에게 전혀 도움이 안 됐다. 오히려 그런 핑계를 대면서 자위하고 안주하는 마음이 배움의 길을 가로막고 있다는 걸 뒤늦게야 깨달았다. 더구나 과거와 현재를 비교하고 그 결과 현재를 부정하는 것은 '현재에 몸 담고 있는 나'를 못 받아들이는 일이라는 것도 먼 훗날에야 알았다. 돌이켜 보면 그 시간들이 그저 아까울 뿐이다. 이렇게 우열의 잣대를 없애 버리고 내가 사는 한국을 바라보니 마음이 조금은 편안해졌다.

한국 안에서는 지역마다 어떤 특색들이 있는지 아직

잘 모른다. 당연히 지역마다 특징이 있을 것이고, 잣대를 들이대면 좋은 것과 나쁜 것이 분명히 존재할 것이다. 하지만 이제는 비교보다는 나의 마음을 더 다양하게 해 줄 배움의 기회로 받아들이고 싶다.

이렇게 결심을 하면서도, 육아에서는 나도 모르게 내 아이를 다른 아이와 비교하고 있는 자신을 발견한다. '우리 아이는 세상에서 유일하고 제일 소중한 존재'라는 생각부터가 무의식적으로 비교하는 생각 아닌가. 그러다가 비슷한 개월수 아기들이 "엄마!" 하는 걸 보곤 나도 집에 와서 딸아이가 "엄마" 부를 때까지 무한 반복을 시켰다. 그래 봤자 인생 9개월차 딸내미가 잘 따라 할 리가 있나. 그동안 유일하고 소중한 자신을 남과 얼마나 많이 비교를 했으면, 딸내미까지 다른 집 아기들과 비교하게 됐을까, 웃음이 절로 나온다.

'비교'해 보라는 말에 얼굴 표정이 달라지는 걸 눈치챘는지 선생님이 다시 물었다.

"아니면, 생각해 두신 주제가 있으신가요?"

또 주제다. 주제가 그렇게 중요한 것이었다니.

"그냥 몇십 년 뒤에 자서전 하나 낼 생각을 하고는 있어요."

"… 잘하면 대하소설 하나 나오겠는데요?"

출산을 4개월 앞두고 부터 글을 써 모으기 시작했다. 그동안 살아온 이야기를 간단하게 정리하자는 마음으로, 태교 삼아 틈틈이 낙서 수준으로 기록만 했다. 그렇게 나의 삶과 생각들을 글로 적어 보니 지나간 일들이 꼬리에 꼬리를 물고 기억의 수면 위로 올라오기 시작했다.

내 젖 먹여 아기 키우면서 책을 쓰기란 결코 쉬운 일이 아니었다. 그리고 '사건'들이 하나씩 일어났다.

물과 같이

2월에 전해진 아빠의 별세 소식. 그동안 부여잡고 있던 영혼의 한 모퉁이가 빠져나가는 기분이었다. 마지막 인사도 못하고 보내 드린 허전함을 간신히 추스르는데, 3월엔 남편이 직장에서 일하다가 손가락을 크게 다쳐 거의 한 달을 병원에 입원하게 되었다. 퇴원하자마자 일 년 전부터 계획했던 이사를 하게 되었다.

그러던 중, 이번에는 오랫동안 병환으로 누워 계시던 시아버님이 돌아가셨다. 문상 와 주신 고마운 분들을 보면서, 나도 내 주변의 고마운 사람들이 하나 둘씩 떠오르기 시작했다. 지금까지 나를 낳아 주고 키워 주신 부모님, 남편을 낳아 주고 키워 주신 시부모님, 그동안 오랜 세월 함께해 준 친구들, 명절이나 기념일에 만나는 친척들, 그리고 지금까지 나를 있는 그대로 봐 주신 고마운 지인들…. 뜨거운 무언가가 가슴 깊숙한 곳에서부터 올라왔다.

그렇게 조용히 나의 과거를 '사건'이 아닌 '사람들'로 돌이켜 보니, 나야말로 인복이 터진 사람이구나 싶었다. 돈 벌러 온 한국에서 사람에 눈을 뜨다니, 아이러니하지만 감사했다.

부모님은 입버릇처럼, 내가 외동이라서 의지할 형제자매가 없으니 강해야 된다고 말씀하셨다. 나도 그걸 당연하게 받아들이고, 강하고 냉철하게 세상을 마주보고 살아야 된다고, 믿을 건 내 자신뿐이라 믿고 살아왔다. 그러면서도 뭔지 모를 문제의식을 느껴 종교도 가져 보고 수련원도 다니고 나름 노력을 해 봤지만, 수십 년에 걸쳐 형성된 성격이 하루아침에 바뀌지는 않았다.

준비도 없이 한국으로 넘어오니 모든 것이 리셋이 되어서, 이제부터는 오로지 나 자신만 믿어서는 살 수 없는 상황이 되었다. 하나부터 열까지 모든 걸 물어보고 새로 배워야 하는 와중에, 그 불도저 같은 성격 때문에 그 모든 걸 짧은 시간 안에 해결하려고, 내 몸 망가지는 줄도 모르고 하나라도 더 주워 담으려고 안간힘을 썼다. 현실이 내 욕심을 따라잡지 못한다는 걸 조금씩 깨달으며 몸도 마음도 너덜너덜해졌을 때쯤 지금의 남편을 만났다.

무엇이든 척척 해결하는 남자, 드라이브 하다 밥때 되면 맛집쯤은 1초도 안 걸리고 결정해 주는 남자, 집 사고 서류 작성하는 것도 뚝딱 해치워 주는 남자…. 중국에서라면 나도 그럴 수 있었겠지만, 뭐든 혼자서는 쉽지 않은 여기서 사소한 일도 기꺼이 발벗고 나서 주는 남친이 멋있고 든든했다. 함께 여행을 다니면서 누군가와 기쁨과 행복을 공유하고 나눈다는 것도 전에는 모르던 즐거움이었다.

결혼에 골인해 가정을 이루고 예쁜 딸이 태어나기까지 지나온 길이 쉽지만은 않았다. 결혼한 사람들은 "결혼은 수련"이라고 한다. 나도 그 말에 전적으로 동감한다. 하지만 그렇게 결혼생활이 힘들다고 하면서도 왜 다들 그렇게 결혼을 갈망하는지, 조금은 알 것 같기도 하다. 나는 이 결혼에 감사한다. 나를 들여다보게 하고 나의 부족함을 깨닫게 해 주고, 그 부족함을 나무라지 않고 함께 극복해 나가게 다독여 주고 응원해 주는 동반자가 있어서.

나 혼자 강해서만 문제가 해결되는 게 아니더라. 더불어 사는 인생, 누군가의 도움을 받고 또 누군가에게 도움을 주기도 하면서 유연하게 사는 것도 보람 있는 일이라고 생각하는 지금이야말로 내게 가장 풍요롭고 소중한 시간이다.

오랫동안 좋아했지만 정작 실천하기는 힘들었던, 노

자(老子) 『도덕경』의 '상선약수(上善若水, 가장 좋은 것은 물과 같다)', 바로 내가 닮고자 하는 마음가짐이다.

가장 좋은 것은 물과 같다.
물은 온갖 것을 이롭게 하면서도 다투지 아니하고, 모든 사람이 싫어하는 낮은 곳에 머문다. 그러므로 물은 도(道)에 가깝다.
땅에 머물며 땅을 좋게 만들고, 마음에 머물며 마음의 연못을 좋게 만들고, 사람과 함께할 때는 더 어질게 하고, 말할 때는 더 미덥게 하고, 정치는 잘 다스려지게 하고, 일은 잘 돌아가게 하고, 움직일 때는 때를 잘 맞춘다.
무릇 다투지 아니하므로 허물이 없다.

上善若水. 水善利萬物而不爭, 處衆人之所惡. 故幾於道. 居善地, 心善淵, 與善仁, 言善信, 正善治, 事善能, 動善時. 夫唯不爭, 故無尤. (『도덕경』 제8장)

·발 문·

마누라를 소개하랬더니

박진하·김천학

글을 정리하는 동안, 처음 만날 때부터 지금까지 남편의 이런저런 모습들을 떠올리면서 재밌는 시간을 보냈다. '내가 남편을 이렇게 생각하고 이렇게 대하는구나' 하고 새삼 깨달을 기회도 되었다. 나도 남편이 나를 어떻게 생각하는지 궁금하기도 했다.

"영감, 편집위원님이 내 소개글 하나 쓰래."

큰 기대는 하지 않으면서도 A4 용지 한 장 정도로 '간략하게' 써 달랬더니 남편 눈이 둥그레진다. 구상할 시간을 한 달 달라는 걸 일주일로 깎았다.

일주일은 금방 지나갔다. 써 놓은 걸 보여 달랬더니 갑자기 머리가 아프대서 또 며칠 기다리다가, 이러단 영영 안 나오겠다 싶어서 남편이 구술해 주면 받아 적는 걸로 협상했다.

"마누라는… 마누라는 마누라가 제일 잘 압니다. … 마누라는 이기적입니다. 외동이라서 그런지 모르지만 이기적입니다. 개인주의적이고 자존심도 강합니다. 자존심이 강해서 사과도 잘 안 합니다. 그리고… 생각이 안 납니다."

"내가 그렇게 이기적이야? 구체적으로 예를 들어 봐."

"기억이 안 나. … 그리고 마누라는 예쁩니다. 예쁜 줄 자기도 알아서 예쁜 척을 합니다. 잘난 척도 합니다. 하지만 내가 생각했을 때는 마누라는 굉장히 우아하고 지적이고 고급지고 그런 건 없습니다. 그래도 당당합니다. 어떤 행동을 하든지 당당한 모습을 보이고, 당당한 그 모습이 나는 보기 좋고 사랑스럽습니다. … 끝났어.”

“나는 책 한 권 통째로 영감을 소개했는데 영감은 벌써 끝났어? 구체적으로 지금 당장 떠오르는 생각들을 이야기해 봐!”

“생각이 안 나.”

책의 태반이 남편 이야기인데, 완성된 통원고를 파일로 보내 줘도 틀림없이 안 읽었지 싶은 남편이다(자기는 안 읽으면서 “마누라가 책 써요” 하고 동네방네 자랑은 하고 다녔더라). 더 물어 봤자 “생각이 안 나”만 나오겠다 싶던 차에,

“아, 있다! 말을 잘하고 분위기를 잘 파악하는 사람이 우리 마누라입니다. 이 정도면 안 돼?”

“조금만 더 이야기해 줘.”

“아, 엄청 많이 이야기했는데.”

더 이상은 무리이겠어서, 휴전을 하고 남편이 준 ‘힌트’를 가지고 내가 나를 돌아봤다.

마누라는 마누라가 제일 잘 압니다.

평소 "나는 나에 대해서 이렇게 저렇게 생각하는데, 영감 생각은 어때?" 하고 물어볼 때마다 남편은 늘 "나도 그렇게 생각해" 할 뿐 나에 대해 판단하거나 평가를 하지 않는다. 예를 들어 "나는 집순이보다 밖에서 돌아다니는 체질인 것 같아" 하면 남편은 그냥 고개만 끄덕인다(그리고는 주말이면 함께 어디를 갈지 말없이 스케줄을 잡아 놓는다).

마누라는 이기적입니다. … 개인주의적이고 자존심도 강합니다. 자존심이 강해서 사과도 잘 안 합니다.

이건 나도 인정. 예를 들면 결혼 전 둘이서 상해 가서 마트에서 중국 맥주랑 안주 살 때, 요구르트도 여러 제품을 한 가지씩 샀더랬다. 맥주랑 안주는 나는 애초에 먹어 볼 생각도 하지 않았지만, 좋아하는 요구르트는 오랜만이라 한 개 따서 아무 생각 없이 먹어 버렸다. 뒤늦게 이걸 본 남편이 빈 병을 들고 무척 섭섭한 표정으로 "이게 뭐하는 거지? 어떻게 혼자 다 먹어 버릴 수 있어?" 하며 땅이 꺼져라 한숨을 내쉬었다.

형제가 있는 남편은 나랑 살면서도 먹을 게 생기면 꼭 남겨 두었다 같이 먹는다. 먼저 먹어도 괜찮다고 해도 굳이 같이 먹어야 된다며 남겨 둔다. 반대로 외동으로 자란 나는 먹을 것이 있으면 아무 생각 없이 혼자 먹어 버린다. 그래서 남편이 혼자 뭘 먹어도 나는 별 상관없는데, 먹는 것에 관심이 많은 남편은 내가 혼자 뭔가 먹으면 꼭 이기적이라고 한다. 나도 안 지고 한마디 한다.

"그래, 나 이기주의 빼면 시체다."

그리고 마누라는 예쁩니다. 예쁜 줄 자기도 알아서 예쁜 척을 합니다. 잘난 척도 합니다.

중국에서 성형 수술이 한창 유행할 때 나도 성형외과를 찾은 적이 있다. 상담을 받았더니 눈 앞트임도 하고, '쌍수'도 하고, 코도 높이고 턱도 깎아서 V라인을 만들라고 한다. 결론적으로 말하면 견적이 너무 많이 나와서 놀라서 그냥 나와 버렸다. 이후 누군가가 나의 외모를 지적하면 그때 견적을 떠올리곤 한다. 그래서 차라리 돈 안 들이고 나의 외모를 업그레이드하는 비장의 방법, '자뻑'을 하기로 했다. "조금만 고치면 예쁠 텐데…"라는 인사를 들으면 "이 정도면 괜찮지 않나요?"라고 반박했다. 한국인 메이크업 학원에서 통역을 한 게 계기가 되어 메이크업 기술을 배우고 자격증도 땄다. 지금은 메이크업 안 하는 게 더 낫다는(그럴 리가 있나!) 남편을 만나서 "다 당신을 위해서 하는 거야"라며 콧대 세우고 산다.

하지만 내가 생각했을 때는 마누라는 굉장히 우아하고 지적이고 고급지고 그런 건 없습니다. 그래도 당당합니다. 어떤 행동을 하든지 당당한 모습을 보이고, 당당한 그 모습이 나는 보기 좋고 사랑스럽습니다.

우아하고 지적이고 고급진 거 없는 건 나도 인정. 그런데 그게 바로 내가 추구하는 방향이다. 그래서 평소에 독서도 하고 패션에도 관심을 보인다. 틈나면 고급스러운 커피숍에서 커피를 홀짝이면서 분위기를 만끽하곤 한다. 어쩌면 그런 욕구에서 글을 쓰고 싶었는지도 모른다.

그런데 어떤 문제에 부딪히면 내가 추구하던 분위기 따윈 싹 다 날아가 버리고 나의 본연의 모습이 나온다.

비행기를 처음 타는 남편은 중국 갈 때 무척이나 긴장을 했다. 이륙할 땐 손에 땀을 쥐기까지 했다. 기내식이 맛있다며 자기 걸 게눈 감추듯 먹어 치우고는 하나 더 먹어도 되냐며 나한테 묻길래 "승무원한테 물어봐" 했더니 창피하다며 기어코 나를 시켰다. 마침 기내식을 안 든 승객이 한 명 있어서 남편은 1인분을 더 먹을 수 있었다. 2인분을 다 해치우고는 나한테 쌍따봉을 날리면서 "역시 최고!"라고 칭찬을 하는데, 막상 '우아하고 지적이고 고급진' 이미지를 망쳐 버린 건 나 아닌가!

말을 잘하고 분위기를 잘 파악하는 사람이 우리 마누라

입니다.

외국인인 내가 말을 잘하면 얼만큼이나 한다고? 남편이 과묵하고 눈치를 안 보는(분위기 파악 못하는?) 편이라서 그러는 거다.

그렇게 드디어, 절반은 대필한 마누라 소개서가 완성되었다.

제 마누라를 소개합니다.

잘 안다고 생각했는데 막상 글로 표현하려고 하니 어렵네요.

예전 직장에서의 첫 모습이 생각납니다. 고개는 너무 숙이지도 쳐들지도 않고 정면을 바라보면서 허리를 곧추세우고 빠른 걸음으로 지나가는 모습이 당당해 보였습니다. 첫인상이 그랬습니다. 지금은 아기를 키우면서 우왕좌왕하는 모습이 첫인상과는 거리가 있는 것 같기도 합니다.

제 아내로서, 딸아이의 엄마로서, 어떻게 살아야 스스로에게 부끄럽지 않을까 생각하면서 여러 가지 분야에 도전하는 여자.

결혼 전부터 나는 생각지도 못한 많은 제약들 속에서 자기가 할 수 있는 것을 찾아 해내려고 노력했고 지금도 노력하는 여자.

부족한 것도 많고 못하는 것도 많고 게다가 쉽게 잊어버리는 습관까지 있는 여자, 그러면서 하고 싶은 것도 많아서 책까지 써 내는 능력과 재주가 있는 여자가 제 마누라입니다.

마누라는 오늘도 나름대로 최선을 다하면서, 당당하게 정직하게 하루하루를 가꾸어 나갑니다. 그래서 같이 살아온 날보다 앞으로 함께 걸어갈 날이 더 많은 우리에게 어떤 재미난 일이 얼마나 더 많이 일어날지, 인생의 동반자로서 기대를 갖게 하는 여자가 제 마누라입니다.

(지명)

길림	지린(吉林)
로산(노산)	라오산(嶗山)
룡두레	용두레
룡문교	용문교(龍門橋)
룡정(용정)	룽징(龍井)
북경	베이징(北京)
상해	상하이(上海)
신강	신장(新疆) 위구르자치구
양자강	양쯔강(揚子江), 창장(長江)
연길	옌지(延吉)
연변	옌볜(延邊) 조선족자치주
영해	닝하이(寧海)
외탄	와이탄(外灘)
장백	창바이(長白) 조선족자치현
전동고진	첸퉁구전(前童古鎭)
절강	저장(浙江)
천진	톈진(天津)
청도	칭다오(靑島)
항주	항저우(杭州)

(인명·사항)

나그네	남편
놀음	놀이
등소평	덩샤오핑(鄧小平)
모 주석(모택동)	마오쩌둥(毛澤東) 주석
안까이(앙까이)	아내
원	위안(元)
춘절	춘제(春節), 설날
표준어	푸퉁화(普通話), 표준 중국어

중국인, 조선족, 한국 엄마

두 나라 세 문화

1판 1쇄 발행_ 2020년 12월 7일

지은이_ 박진하
펴낸이_ 안병훈

펴낸곳_ 도서출판 기파랑
등록_ 2004. 12. 27 | 제 300-2004-204호
주소_ 서울시 종로구 대학로8가길 56(동숭동 1-49 동숭빌딩) 301호
전화_ 02-763-8996(편집부) 02-3288-0077(영업마케팅부)
팩스_ 02-763-8936
이메일_ info@guiparang.com
홈페이지_ www.guiparang.com

ISBN_ 978-89-6523-598-9 03810